KSIĄŻKA Z PRZEPISAMI Z KOLEKCJI BUNDT

Stwórz 100 arcydzieł Bundt dla każdego podniebienia

Bianka Szymczak

Prawa autorskie ©2024

Wszelkie prawa zastrzeżone

Żadna część tej książki nie może być wykorzystywana ani rozpowszechniana w jakiejkolwiek formie i w jakikolwiek sposób bez odpowiedniej pisemnej zgody wydawcy i właściciela praw autorskich, z wyjątkiem krótkich cytatów użytych w recenzji. Niniejsza książka nie powinna być traktowana jako substytut porady lekarskiej, prawnej lub innej porady zawodowej.

SPIS TREŚCI

SPIS TREŚCI 3
WSTĘP 6
CIASTA OWOCOWE 8
   1. Ciasto Wiśniowe Bundt 9
   2. Ciasto Bundt z przyprawioną persymoną 11
   3. Różowe ciasto cytrynowe Bundt 13
   4. Pikantne ciasto śliwkowo-śliwkowe 15
   5. Cytrynowo-Kokosowe Ciasto Funtowe 18
   6. Ciasto Bundt z krwisto-pomarańczową mimozą 20
   7. Ciasto Bundt z jagodami Bavarois 23
   8. Raisin Gugelhupf 26
   9. Ciasto 7-Up Bundt 28
   10. Ciasto Dyniowo-Żurawinowe 30
   11. Mrożone Jabłkowo-Przyprawowe 32
   12. Brzoskwiniowe ciasto Melba Bundt 35
   13. Ciasto z marakują i mango 38
   14. Ciasto gruszkowo-imbirowe 40
   15. Ciasto Truskawkowo-Rabarbarowe 42
   16. Ciasto Figowo-Miodowe 44
   17. Tropikalne ciasto bananowo-kokosowe 46
   18. Ciasto serowe z kremem truskawkowym 48
   19. Ciasto figowo-orzechowe 50
   20. Tropikalne ciasto bananowe 52
BOTANICZNE CIASTECZKA BUNDT 54
   21. Marmurowy zestaw z grochu motylkowego 55
   22. Ciasto cytrynowo-rumiankowo-miodowe 58
   23. Ciasto Cytrynowo-Makowe 61
   24. Ciasto waniliowo-kwiatowe z polewą z hibiskusa 64
   25. Ciasto Malinowe Bundt z Białą Czekoladą 67
   26. Mini-ciasteczka hibiskusowo-cytrynowe 70
   27. Ciasto Funtowe z Miodem Lawendowym 73
   28. Ciasto kokosowe z polewą z hibiskusa 75
   29. Tort magnoliowo-karmelowy 78
   30. Ciasto Wiśniowe Bundt 81
   31. Ciasto cytrynowo-imbirowe 84
   32. Ciasto Różano-Pistacjowe 87
   33. Ciasto herbaciane Earl Grey Bundt 89
   34. Ciasto migdałowe z kwiatami pomarańczy 91

35. Ciasto Bundt z szałwią i cytrusami 93
36. Ciasto gruszkowe z kardamonem 95
37. Ciasto brzoskwiniowe z tymiankiem i miodem 97
38. Ciasto jaśminowe z zieloną herbatą 99

ORZECHOWE CIASTECZKA BUNDT 101
39. Ciasto Pralinowe Bundt 102
40. Ciasto Bundt z Masłem Orzechowym i Galaretką 105
41. Ciasto Streusel Bundt z orzechami klonowymi 107
42. Ciasto orzechowe Banoffee Bundt 109
43. Glazurowane ciasto migdałowe 111
44. Ciasto pistacjowe 114
45. Ciasto Pecan Pie Bundt 117
46. Ciasto czekoladowe z orzechami laskowymi 120
47. Ciasto kokosowe z orzechami nerkowca 122
48. Ciasto orzechowo-miodowe z przyprawami 124
49. Ciasto Macadamia Mango Bundt 126
50. Ciasto kasztanowe z kawałkami czekolady 128
51. Ciasto migdałowo-morelowe 130

CIASTA KAWOWE 132
52. Ciasto Cappuccino Bundt 133
53. Ciasto Mocha Bundt z Mżawką Kawową 135
54. ciasto kawowe z kwaśną śmietaną 138
55. Ciasto Espresso Bundt z Ganache 140
56. Ciasto Marmurowe Mokka 143
57. Irlandzkie ciasto kawowe 146
58. Ciasto Waniliowe Mleko Bundt 148
59. Ciasto czekoladowe z ziarenkami espresso 150
60. Ciasto cynamonowo-kawowe typu Bundt 152
61. Ciasto kawowe z orzechami laskowymi 154
62. Ciasto Tiramisu Bundt 157
63. Ciasto kawowo-orzechowe 160

TORTY CZEKOLADOWE 162
64. Ciasto Czekoladowe 163
65. Ciasto kakaowe Hershey's 165
66. Ciasto czekoladowo-piernikowe 167
67. Ciasto Bundt z Nutellą 169
68. Ciasto czekoladowe Bundt 172
69. Ciasto Oreo Bundt z Polewą Waniliową 175
70. Ciasto Potrójnie Czekoladowe Krówki 179
71. Ciasto czekoladowo-malinowe typu wir 182
72. Ciasto Bundt z Ciemną Czekoladą i Pomarańczą 185

CIASTECZKI SEROWE 188
73. Tort z czerwonego aksamitu 189

- 74. Ciasto serowe z kremem dyniowym 191
- 75. Ciasto cytrynowo-serowe z kremem 194
- 76. Ciasto czekoladowo-serowe z kremem 197
- 77. Ciasto marchewkowe z sernikiem i wirami 200
- 78. Ciasto z sernikiem truskawkowym i limonką 203
- 79. Ciasto jagodowo-cytrynowo-mascarpone 206
- 80. Ciasto migdałowo-pomarańczowe z ricottą 209
- 81. Ciasto z serkiem klonowo-orzechowym 211
- 82. Ciasto serowe z malinami i białą czekoladą 214

PIĘKNE CIASTA BUNDT 216
- 83. Ciasto Limoncello Bundt 217
- 84. Ciasto Funtowe Baileysa 220
- 85. Irlandzkie ciasto kawowe z sosem whisky 223
- 86. Ciasto Makaronik Bundt 226
- 87. Ciasto z rodzynkami rumowymi 229
- 88. Ciasto czekoladowe Bourbon 231
- 89. Ciasto pomarańczowe Grand Marnier 233
- 90. Ciasto czekoladowe Kahlua 235
- 91. Ciasto Bundt z pikantnym rumem i ananasem 237
- 92. Ciasto wiśniowo-migdałowe nasączone brandy 240
- 93. Ciasto malinowe Prosecco 243
- 94. Ciasto limonkowe z tequilą 245

KOLOROWE I KREATYWNE 248
- 95. Tort w kształcie tęczowego wiru 249
- 96. Ciasto typu Bundt typu tie-dye 251
- 97. Ciasto neapolitańskie Bundt 253
- 98. Ciasto z kremem pomarańczowym 255
- 99. Tort konfetti Funfetti Bundt 257
- 100. Ciasto cukierkowe typu Bundt 259

WNIOSEK 262

WSTĘP

Witamy w „Książce z przepisami z kolekcji Bundt: Stwórz 100 arcydzieł Bundta dla każdego podniebienia". Ciasta Bundt to coś więcej niż tylko desery; są dziełami sztuki, każde z własnym, niepowtarzalnym smakiem, konsystencją i wyglądem. Od klasycznych przepisów przekazywanych z pokolenia na pokolenie po innowacyjne kreacje, które przesuwają granice tradycyjnego wypieku, ciasta bundt oferują coś na każdy gust i na każdą okazję.

Kultowy kształt ciasta typu bundt, z centralnym otworem i ozdobnymi krawędziami, sprawia, że jest on natychmiast rozpoznawalny i nieskończenie wszechstronny. Niezależnie od tego, czy pieczesz na specjalną okazję, czy po prostu delektujesz się słodkim poczęstunkiem, ciasto bundt to ponadczasowy klasyk, który zawsze robi wrażenie. Dzięki tej książce kucharskiej odkryjesz skarbnicę przepisów na ciasta bundt, które podniosą poziom Twojej zabawy w pieczenie i zachwycą Twoje kubki smakowe.

Od bogatej czekolady i aksamitnego czerwonego aksamitu po pikantną cytrynę i pachnącą wanilię – możliwości smakowe ciasteczek bundt są nieograniczone. Niezależnie od tego, czy wolisz proste, nieskomplikowane przepisy, czy wyszukane dzieła, które olśniewają zmysły, na tych stronach znajdziesz mnóstwo inspiracji. Każdy przepis został skrupulatnie przetestowany i udoskonalony, aby zapewnić niezawodne rezultaty, dzięki czemu nawet początkujący piekarze mogą z łatwością uzyskać profesjonalną jakość ciasta bundt.

Ale ta książka kucharska to coś więcej niż tylko zbiór przepisów; to święto radości pieczenia i kunsztu tworzenia pięknych deserów. Niezależnie od tego, czy pieczesz dla siebie, swojej rodziny, czy tłumu chętnych gości, jest coś głęboko satysfakcjonującego w obserwowaniu ciasta typu bundt wyłaniającego się z piekarnika, złotego i pachnącego, gotowego do spożycia przez wszystkich.

Niezależnie od tego, czy jesteś doświadczonym piekarzem, który chce poszerzyć swój repertuar, czy początkującym, który chce nauczyć się podstaw, „ Księga przepisów z kolekcji Bundta" ma coś dla Ciebie. Przygotuj się na pyszną podróż po świecie ciastek bundt, gdzie każdy przepis to arcydzieło czekające na stworzenie i delektowanie się.

CIASTA OWOCOWE

1. Ciasto Wiśniowe Bundt

SKŁADNIKI:
- 1 opakowanie Mieszanka do ciasta czekoladowego
- Puszka 21 uncji nadzienia do ciasta wiśniowego
- ¼ szklanki oleju
- 3 jajka
- Lukier Wiśniowy

INSTRUKCJE:
a) Mieszamy i wlewamy do natłuszczonej formy na Bundt.
b) Piec w temperaturze 350 stopni przez 45 minut.
c) Pozostawiamy do ostygnięcia na blaszce przez 30 minut, a następnie wyjmujemy.

2. Ciasto Bundt z przyprawioną persymoną

SKŁADNIKI:
- 2 miękkie, dojrzałe persymony
- ¼ szklanki syropu klonowego
- 2 szklanki cukru
- 1 puszka mleka kokosowego
- ½ szklanki oleju roślinnego
- 1 ½ szklanki mąki uniwersalnej
- 1 ½ szklanki mąki orkiszowej
- 1 łyżeczka cynamonu
- 1 łyżeczka imbiru
- 1 łyżeczka gałki muszkatołowej
- ¼ łyżeczki mielonego goździka

INSTRUKCJE:
a) Rozgrzej piekarnik do 350 stopni. Nasmaruj oliwą formę do ciasta lub formę do pieczenia ciasta i odłóż na bok.
b) Wydrąż miąższ z persimmon i włóż go do dużej miski. Dodaj syrop klonowy, cukier, mleko kokosowe i olej roślinny. Mieszaj składniki , aż się połączą.
c) W innej dużej misce połącz wszystkie suche składniki i wymieszaj, aż się połączą.
d) Powoli wlewaj mokre do suchej miski. Mieszaj gumową szpatułką aż do połączenia, uważając, aby nie przemieszać!
e) Wlać mieszaninę do przygotowanej formy i wstawić do piekarnika, aby upiec.
f) minuty. Ciasto jest upieczone, gdy wbita w środek wykałaczka jest czysta.

3.Różowe ciasto cytrynowe Bundt

SKŁADNIKI:
- 1 opakowanie Mieszanka do ciasta żółtego
- 1 małe opakowanie galaretki cytrynowej
- 4 jajka
- ¾ szklanki nektaru morelowego
- ¾ szklanki oleju
- 1 mała puszka mrożonej różowej lemoniady, rozmrożona

INSTRUKCJE:
a) Wymieszaj pierwsze 5 składników i ubijaj przez 4 minuty.
b) Wlać do natłuszczonej i oprószonej mąką formy Bundt.
c) Piec 40-45 minut w piekarniku nagrzanym na 350 stopni.
d) Zdjąć z formy i odwrócić na talerz do ciasta.
e) Ciepły tort polej różową lemoniadą.

4. Pikantne ciasto śliwkowo-śliwkowe

SKŁADNIKI:
- 2 kubki Wypestkowane i pokrojone na ćwiartki włoskie śliwki, ugotowane do miękkości i ostudzone
- 1 filiżanka Masło niesolone, zmiękczone
- 1¾ szklanki Cukier granulowany
- 4 Jajka
- 3 filiżanki Przesiana mąka
- ¼ szklanki Masło niesolone
- ½ funta Cukier puder
- 1 ½ łyżki Niesłodzone kakao
- Szczypta soli
- 1 łyżeczka Cynamon
- ½ łyżeczki Zmielone goździki
- ½ łyżeczki Zmielona gałka muszkatołowa
- 2 łyżeczki Proszek do pieczenia
- ½ szklanki mleko
- 1 filiżanka Orzechy włoskie, drobno posiekane
- 2 Do 3 łyżek mocnych, gorących
- Kawa
- ¾ łyżeczki Wanilia

INSTRUKCJE:

a) Rozgrzej piekarnik do 350°F. Posmaruj masłem i mąką 10-calową patelnię Bundt.

b) W dużej misce utrzyj masło z cukrem na jasną i puszystą masę.

c) Wbijaj jajka jedno po drugim.

d) Na sitku wymieszaj mąkę, przyprawy i sodę oczyszczoną. W trzech porcjach dodawaj mąkę do masy maślanej, na zmianę z mlekiem. Ubijaj tylko do połączenia składników.

e) Dodać ugotowane suszone śliwki i orzechy włoskie, wymieszać. Przełóż do przygotowanej formy i piecz przez 1 godzinę w piekarniku nagrzanym na 350°F lub do momentu, aż ciasto zacznie odchodzić od boków formy.

f) Aby przygotować lukier, utrzyj masło z cukrem pudrem. Stopniowo dodawaj cukier i kakao, cały czas mieszając, aż do całkowitego połączenia. Sezon z solą.

g) Jednorazowo wsypuj niewielką ilość kawy.

h) Ubijaj na jasną i puszystą masę, następnie dodaj wanilię i udekoruj ciasto.

5. Cytrynowo-Kokosowe Ciasto Funtowe

SKŁADNIKI:
- Olej roślinny do smarowania
- 3 szklanki mąki uniwersalnej i więcej do oprószenia mąki
- 1 funt (4 paluszki) solonego masła w temperaturze pokojowej
- 8 uncji serka śmietankowego w temperaturze pokojowej
- 3 szklanki granulowanego cukru
- 6 jaj
- 4 uncje mieszanki błyskawicznego budyniu cytrynowego
- ¼ szklanki słodzonych wiórków kokosowych
- 3 łyżki soku z cytryny
- Skórka otarta z 2 dużych cytryn
- 2½ łyżeczki ekstraktu kokosowego
- 2 łyżeczki ekstraktu waniliowego

DO SZKLIWIENIA:
- 1 ½ szklanki cukru pudru
- 3 do 4 łyżek soku z cytryny
- 1 łyżeczka ekstraktu kokosowego

INSTRUKCJE:

a) Rozgrzej piekarnik do 325 stopni F. Nasmaruj i posyp mąką patelnię Bundt.

b) W mikserze stojącym lub dużej misce z mikserem ręcznym utrzyj masło i serek śmietankowy na średniej prędkości przez około 2 do 3 minut. Dodajemy cukier i zaczynamy wbijać jajka. Mieszaj na średniej prędkości, aż składniki dobrze się połączą.

c) Powoli dodawaj mąkę, tylko po trochu. Następnie dodaj mieszankę budyniową, wiórki kokosowe, sok i skórkę z cytryny, ekstrakt kokosowy i wanilię. Mieszaj ciasto na średnich obrotach, aż uzyska kremową konsystencję.

d) Do przygotowanej formy wlać ciasto. Piec przez 1 godzinę i 25 minut lub do momentu upieczenia. Wyjmij ciasto z piekarnika i poczekaj, aż ostygnie, zanim wyjmiesz je z formy.

e) Gdy ciasto ostygnie, przygotuj polewę. W średniej misce wymieszaj cukier puder, sok z cytryny i ekstrakt kokosowy i mieszaj trzepaczką, aż nie będzie grudek. Polewą polej całe ciasto i odstaw na 5 minut przed podaniem.

6.Ciasto Bundt z krwisto-pomarańczową mimozą

SKŁADNIKI:
- 1 ½ szklanki (3 paluszki) niesolonego masła o temperaturze pokojowej
- 2 ¾ szklanki granulowanego cukru
- 5 dużych jaj, temperatura pokojowa
- 3 szklanki przesianej mąki tortowej
- ½ łyżeczki soli
- 1 szklanka różowego Moscato lub szampana
- 3 łyżki skórki pomarańczowej
- 1 łyżka czystego ekstraktu waniliowego

PROSTY SYROP:
- ½ szklanki różowego Moscato lub szampana
- ½ szklanki granulowanego cukru
- ¼ szklanki świeżego soku z czerwonych pomarańczy

POMARAŃCZOWA LAZURA:
- 1 ½ szklanki cukru pudru
- 3 łyżki świeżego soku z czerwonych pomarańczy

INSTRUKCJE:

a) Rozgrzej piekarnik do 315 stopni F. Spryskaj patelnię Bundt na 10 filiżanek nieprzywierającym sprayem do pieczenia.
b) W misie miksera wymieszaj cukier ze skórką pomarańczową. Skórkę wcieramy w cukier, aż zacznie pachnieć.
c) Do miski dodać masło, sól i utrzeć razem z cukrem. Ubijaj na średnim poziomie przez 7 minut, aż masło stanie się bladożółte i puszyste.
d) Dodawaj jajka, jedno po drugim, dobrze mieszając po każdym dodaniu i w razie potrzeby zdrapując boki miski.
e) Zmniejsz prędkość do niskiej i powoli dodawaj mąkę w dwóch partiach, mieszając aż do połączenia. Nie przesadzaj.
f) Wlać Moscato i wymieszać, aż składniki się połączą.
g) Wlać ciasto do przygotowanej formy i piec przez 70-80 minut lub do momentu, aż wykałaczka wbita w środek ciasta będzie sucha.
h) Pozostaw ciasto do ostygnięcia na blasze przez co najmniej 10 minut, a następnie przełóż je na talerz. Ostudzić do temperatury pokojowej.

NA PROSTY SYROP:

i) W małym garnku ustawionym na średnim ogniu połącz wszystkie składniki i gotuj na średnim ogniu.
j) Zmniejsz mieszaninę o około jedną trzecią, aż zgęstnieje, około 5 minut.
k) Zdjąć z ognia i pozostawić do całkowitego ostygnięcia.

DO SZKLIWIENIA:

l) W małej misce wymieszaj wszystkie składniki, aż będą płynne.
m) Aby złożyć ciasto:
n) W całym ostudzonym cieście nakłuj dziurki patyczkiem lub widelcem.
o) Syropem cukrowym polej ciasto, aby się wchłonęło. W razie potrzeby powtórz.
p) Na koniec posmaruj ciasto polewą i odstaw na 10 minut.
q) Rozkoszuj się tym wspaniałym ciastem mimozy z krwisto-pomarańczową pomarańczą, idealnym na uroczystości lub każdą specjalną okazję!

7. Ciasto Bundt z jagodami Bavarois

SKŁADNIKI:
BAWARIA:
- 6 listków żelatyny
- 250 g borówek + dodatkowo do dekoracji
- Sok z 1 limonki
- 75 g cukru pudru
- 200 ml soku jabłkowego
- 1 saszetka cukru waniliowego
- 300 ml śmietanki do ubijania
- 1 smoczy owoc
- 125 g malin
- 125 g jeżyn

NARZĘDZIA KUCHENNE:
- Mikser
- Forma pakietu (1 litr)

INSTRUKCJE:
a) Płatki żelatyny namoczyć w zimnej wodzie na 5 minut.
b) Zmiksuj jagody w blenderze lub za pomocą blendera ręcznego.
c) Purée jagodowe wlać do rondla i doprowadzić do wrzenia.
d) Do puree dodać namoczoną i wyciśniętą żelatynę, mieszać aż do całkowitego rozpuszczenia.
e) Wyciśnij sok z 1 limonki.
f) Do przecieru jagodowego dodać sok z limonki, 50 g cukru pudru, sok jabłkowy i cukier waniliowy.
g) Przechowuj mieszaninę w lodówce przez około 30 minut lub do momentu, aż zacznie gęstnieć.
h) 250 ml śmietany ubić na sztywną masę za pomocą miksera.
i) Delikatnie wmieszaj ubitą śmietanę do masy jagodowej.
j) Opłucz formę Bundt zimną wodą, nie susząc jej.
k) Włóż mieszaninę jagód i śmietanki do przygotowanej formy Bundt.
l) Włóż do lodówki i odstaw na co najmniej 4 godziny.
m) Smoczy owoc przekrój na pół i wydrąż miąższ.
n) Rozgnieć miąższ owocu smoka widelcem i umieść go w rondlu.
o) Do rondelka dodać pozostałą śmietanę i cukier.
p) Podgrzewaj mieszaninę na małym ogniu, mieszając trzepaczką, aż uzyska gładki sos.
q) Pozwól sosowi ostygnąć, a następnie przechowuj go w lodówce, aż będzie gotowy do użycia.
r) Ostrożnie wyłóż bavarois na talerz. Zacznij od poluzowania krawędzi, a jeśli się przyklei, możesz owinąć formę ręcznikiem kuchennym zamoczonym w gorącej wodzie, aby pomóc ją uwolnić.
s) Polać bavarois sosem ze smoczych owoców.
t) Udekoruj malinami, jeżynami i dodatkowymi jagodami.

8. Raisin Gugelhupf

SKŁADNIKI:
- 1¾ łyżeczki świeżych drożdży
- 1 szklanka mleka, temperatura pokojowa
- 3 szklanki mąki pszennej
- 3½ uncji zakwasu pszennego
- 1 szklanka mleka, temperatura pokojowa
- 3¾ szklanki mąki pszennej
- ½ szklanki) cukru
- ¾ szklanki roztopionego masła, ostudzonego
- 3–4 jajka
- skórka z 1 cytryny
- 1 szklanka rodzynek
- cukier puder do dekoracji

INSTRUKCJE:
a) Drożdże rozpuścić w 1 szklance mleka. Dodać mąkę, starter i dobrze wymieszać. Pozostaw ciasto do wyrośnięcia na 1–2 godziny.
b) Do ciasta dodać wszystkie składniki i dokładnie wymieszać.
c) Napełnij jedną lub dwie natłuszczone i posypane mąką formy Bundt (1 ½ litra) do połowy ciastem. Pozostaw ciasto do wyrośnięcia, aż będzie o około 30 procent większe lub na 1 godzinę.
d) Piec w temperaturze 200°C przez 20–30 minut. Przed wyjęciem ciasta z formy należy pozostawić ciasto do ostygnięcia. Na koniec posypujemy cukrem pudrem.
e) Ciasto wymieszać ze składnikami z kroku drugiego i dobrze wymieszać.
f) Wypełnij natłuszczone i oprószone mąką formy do połowy ciastem.
g) Przed pokrojeniem upieczone ciasto należy pozostawić do ostygnięcia.

9.Ciasto 7-Up Bundt

SKŁADNIKI:
CIASTO:
- 1 ½ szklanki masła
- 3 szklanki cukru
- 5 jaj
- 3 szklanki mąki
- 2 łyżki ekstraktu z cytryny
- ¾ szklanki 7-Up

GLAZURA:
- ½ szklanki cukru pudru
- wystarczająca ilość 7-up i świeżego soku z cytryny, aby zwilżyć glazurę

INSTRUKCJE:
a) Rozgrzej piekarnik do 325°C.
b) Tłuszcz i mąka w jednej karbowanej patelni Bundt.
c) Utrzyj razem cukier i masło, aż masa będzie jasna i puszysta.
d) Dodawaj jajka, jedno po drugim, dobrze ubijając po każdym... Dodaj mąkę i jeszcze trochę ubijaj.
e) Zmieszaj ekstrakt z cytryny i 7-Up,
f) Włóż ciasto do formy, piecz w temperaturze 325 stopni przez 1 godzinę - 1 godzinę 15 minut.. lub do momentu, aż włożona wykałaczka będzie sucha.
g) Pozwól ciastu trochę ostygnąć i wyjmij je z formy.
h) Wymieszaj glazurę i posmaruj nią wierzch

10.Ciasto Dyniowo-Żurawinowe

SKŁADNIKI:
- 1 szklanka musu dyniowego
- 2 ½ szklanki zwykłej mąki orkiszowej lub mąki pszennej tortowej
- ½ szklanki mleka
- 7 gramów suchych drożdży
- ½ szklanki cukru trzcinowego lub innego nierafinowanego cukru
- sok i skórka z 1 cytryny
- 1 łyżka płynnego oleju kokosowego
- 1 szklanka suszonej żurawiny

INSTRUKCJE:
a) W misce wymieszaj mąkę, drożdże, cukier i żurawinę.
b) W małym rondlu powoli podgrzej mus dyniowy, mleko, sok i skórkę z cytryny oraz olej kokosowy.
c) Wlać mokre składniki do ciasta. Całość powinna zająć około 8 minut.
d) Formę do ciasta Bundt posypujemy cienką warstwą mąki i natłuszczamy.
e) Włóż ciasto do formy, przykryj i odstaw do wyrośnięcia na 1 godzinę w ciepłym miejscu.
f) Rozgrzej piekarnik do 180°C/350°F i piecz przez 35 minut (aż drewniany patyczek będzie suchy).

11. Mrożone Jabłkowo-Przyprawowe

SKŁADNIKI:
Nadzienie serowe:
- 1 (8 uncji) opak. serek śmietankowy, miękki
- ¼ szklanki granulowanego cukru
- 1 duże jajko
- 2 łyżki mąki uniwersalnej
- 1 łyżeczka ekstraktu waniliowego

Ciasto Jabłkowo-Przyprawowe:
- 1 szklanka zapakowanego jasnobrązowego cukru
- 1 szklanka oleju roślinnego
- ½ szklanki granulowanego cukru
- 3 duże jajka
- 2 łyżeczki ekstraktu waniliowego
- 2 łyżeczki proszku do pieczenia
- 2 łyżeczki przyprawy do ciasta dyniowego
- 1 ½ łyżeczki mielonego kardamonu
- 1 łyżeczka soli koszernej
- ½ łyżeczki sody oczyszczonej
- ½ łyżeczki mielonej kolendry
- 3 szklanki (około 12 ¾ uncji) mąki uniwersalnej
- 3 duże jabłka Granny Smith (około 1 ½ funta), obrane i starte

LUK KARMELOWY:
- ⅔ szklanki grubo posiekanych prażonych orzechów pekan

INSTRUKCJE:
PRZYGOTOWAĆ NADZIENIE SEROWE:
a) Rozgrzej piekarnik do 350°F. Ubij serek śmietankowy, ¼ szklanki granulowanego cukru, 1 jajko, 2 łyżki mąki i 1 łyżeczkę wanilii za pomocą miksera elektrycznego ustawionego na średnią prędkość, aż masa będzie gładka.

PRZYGOTOWANIE CIASTA JABŁKOWO-PRZYPRAWNEGO:
b) Ubij brązowy cukier, olej i ½ szklanki granulowanego cukru za pomocą elektrycznego miksera stojącego na średniej prędkości, aż dobrze się wymieszają. Dodawaj po 3 jajka, po jednym, dobrze ubijając po każdym dodaniu. Wymieszać z 2 łyżeczkami wanilii.
c) Wymieszaj proszek do pieczenia, przyprawę do ciasta dyniowego, kardamon, sól, sodę oczyszczoną, kolendrę i 3 szklanki mąki. Stopniowo dodawaj do mieszanki brązowego cukru, ubijaj na małych obrotach, aż składniki się połączą. Dodaj jabłka i ubijaj na małych obrotach, tylko do połączenia.
d) Połowę ciasta włóż do natłuszczonej i oprószonej mąką formy Bundt na 14 filiżanek. Ser śmietankowy Dollop Wypełniamy mieszaninę jabłek, pozostawiając 1-calowy margines wokół krawędzi patelni. Za pomocą noża wymieszaj nadzienie z ciastem. Na nadzienie wyłóż łyżką pozostałe ciasto.
e) Piec w nagrzanym piekarniku, aż długi drewniany wykałaczka włożony w środek wyjdzie czysty, od 50 minut do 1 godziny.
f) Schłodzić ciasto na patelni na kratce przez 20 minut; wyjąć z formy na metalową kratkę i całkowicie ostudzić (około 2 godzin). Natychmiast nałóż lukier na schłodzone ciasto; posypać orzechami pekan.

12. Brzoskwiniowe ciasto Melba Bundt

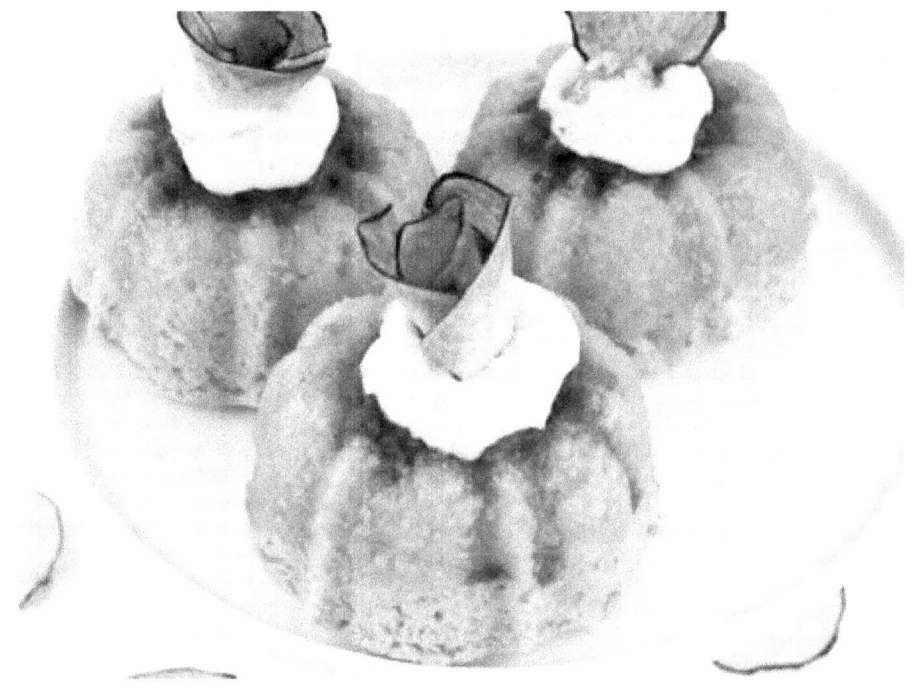

SKŁADNIKI:
- 2 filiżanki mąki uniwersalnej
- 1 łyżeczka proszku do pieczenia
- 1/2 łyżeczki sody oczyszczonej
- 1/2 łyżeczki soli
- 1 szklanka niesolonego masła, temperatura pokojowa
- 1 1/2 szklanki granulowanego cukru
- 4 duże jajka
- 1 łyżeczka ekstraktu waniliowego
- 1/2 szklanki kwaśnej śmietany
- 1/2 szklanki nektaru brzoskwiniowego
- 1 szklanka pokrojonych w kostkę brzoskwiń (świeżych lub z puszki i odsączonych)
- 1/2 szklanki malin

GLAZURA:
- 1 szklanka cukru pudru
- 2 łyżki przecieru malinowego
- 1 łyżka mleka

INSTRUKCJE:

a) Rozgrzej piekarnik do 175°C (350°F). Nasmaruj tłuszczem i mąką 10-calową patelnię typu Bundt.
b) W średniej misce wymieszaj mąkę, proszek do pieczenia, sodę oczyszczoną i sól.
c) W dużej misce utrzyj masło z cukrem pudrem na jasną i puszystą masę. Dodawaj jajka, jedno po drugim, dobrze ubijając po każdym dodaniu. Wymieszaj ekstrakt waniliowy.
d) Stopniowo dodawaj mąkę do mieszanki masła, na zmianę ze śmietaną i nektarem brzoskwiniowym, zaczynając i kończąc na mieszance mąki. Delikatnie dodaj pokrojone w kostkę brzoskwinie i maliny.
e) Ciasto wlać do przygotowanej formy do pieczenia. Piec 50-60 minut lub do momentu, gdy wbita w ciasto wykałaczka będzie sucha.
f) Pozostaw ciasto do ostygnięcia na blasze przez 10 minut, a następnie przełóż na metalową kratkę, aby całkowicie ostygło.
g) Aby przygotować lukier, wymieszaj cukier puder, puree malinowe i mleko na gładką masę. Polać nim ostudzone ciasto.

13. Ciasto z marakują i mango

SKŁADNIKI:
- 2 1/2 szklanki mąki uniwersalnej
- 2 łyżeczki proszku do pieczenia
- 1/2 łyżeczki soli
- 1 szklanka niesolonego masła, temperatura pokojowa
- 2 szklanki granulowanego cukru
- 4 jajka
- 1 łyżeczka ekstraktu waniliowego
- 1 szklanka puree z mango
- 1/2 szklanki soku z marakui
- Skórka z 1 limonki

GLAZURA:
- 1 szklanka cukru pudru
- 2-3 łyżki soku z marakui

INSTRUKCJE:
a) Rozgrzej piekarnik do 350°F (175°C). Nasmaruj tłuszczem i mąką formę do pieczenia.
b) W misce wymieszaj mąkę, proszek do pieczenia i sól.
c) Masło i cukier utrzeć na puszystą masę. Dodawaj jajka, jedno po drugim, następnie wanilię, dobrze mieszając.
d) Wymieszaj puree z mango, sok z marakui i skórkę z limonki. Stopniowo dodawaj suche składniki, aż się połączą.
e) Wlać ciasto do przygotowanej formy. Piec przez 55-65 minut lub do momentu, aż wykałaczka będzie sucha.
f) Studzimy na blaszce przez 15 minut, następnie przekładamy na metalową kratkę do całkowitego wystygnięcia.
g) Aby przygotować lukier, wymieszaj cukier puder i sok z marakui, aż masa będzie gładka. Polej ostudzone ciasto.

14.Ciasto gruszkowo-imbirowe

SKŁADNIKI:
- 3 szklanki mąki uniwersalnej
- 1 łyżeczka proszku do pieczenia
- 1/4 łyżeczki sody oczyszczonej
- 1/4 łyżeczki soli
- 1 łyżka mielonego imbiru
- 1 szklanka niesolonego masła, temperatura pokojowa
- 2 szklanki cukru
- 4 jajka
- 2 łyżeczki ekstraktu waniliowego
- 1 szklanka kwaśnej śmietany
- 2 szklanki pokrojonych w kostkę gruszek (obranych i wydrążonych)
- 1/4 szklanki krystalizowanego imbiru, posiekanego

GLAZURA:
- 1 szklanka cukru pudru
- 2 łyżki mleka
- 1 łyżeczka ekstraktu waniliowego

INSTRUKCJE:
a) Rozgrzej piekarnik do 350°F (175°C). Nasmaruj tłuszczem i mąką formę do pieczenia.
b) Połącz mąkę, proszek do pieczenia, sodę oczyszczoną, sól i mielony imbir.
c) Masło i cukier utrzeć na puszystą masę. Wbijaj po jednym jajku, następnie wanilię. Mieszać suche składniki na zmianę ze śmietaną. Dodać gruszki i krystalizowany imbir.
d) Przelać do formy i piec 60-70 minut. Ostudzić na patelni, następnie odwrócić na kratkę.
e) Zmieszaj cukier puder, mleko i wanilię na glazurę; posmarować ciasto.

15. Ciasto Truskawkowo-Rabarbarowe

SKŁADNIKI:
- 2 1/2 szklanki mąki uniwersalnej
- 1 łyżeczka proszku do pieczenia
- 1/2 łyżeczki sody oczyszczonej
- 1/2 łyżeczki soli
- 1 szklanka niesolonego masła, zmiękczonego
- 1 3/4 szklanki granulowanego cukru
- 4 jajka
- 2 łyżeczki ekstraktu waniliowego
- 1 szklanka kwaśnej śmietany
- 1 szklanka drobno posiekanego rabarbaru
- 1 szklanka pokrojonych w kostkę truskawek

TRUSKAWKOWA :
- 1 szklanka cukru pudru
- 2-3 łyżki przecieru truskawkowego

INSTRUKCJE:
a) Rozgrzej piekarnik do 350°F (175°C). Nasmaruj tłuszczem i mąką 10-calową patelnię typu Bundt.
b) W misce wymieszaj mąkę, proszek do pieczenia, sodę oczyszczoną i sól.
c) W dużej misce utrzyj masło z cukrem na jasną i puszystą masę. Dodawaj jajka, jedno po drugim, dobrze ubijając po każdym dodaniu. Zmiksuj z wanilią.
d) Stopniowo dodawaj mieszankę mączną do ubitej masy, na zmianę ze śmietaną, zaczynając i kończąc na mieszance mącznej. Dodać rabarbar i truskawki.
e) Przelać do przygotowanej formy i wygładzić wierzch. Piec 55-65 minut lub do momentu, aż wykałaczka wbita w ciasto będzie sucha.
f) Studzimy na patelni przez 10 minut, a następnie przekładamy na metalową kratkę, aby całkowicie ostygły.
g) Aby przygotować lukier, wymieszaj cukier puder z puree truskawkowym na gładką masę. W razie potrzeby dostosuj konsystencję, dodając więcej puree lub cukru. Polać nim ostudzone ciasto.

16.Ciasto Figowo-Miodowe

SKŁADNIKI:
- 3 szklanki mąki uniwersalnej
- 1 łyżeczka proszku do pieczenia
- 1/2 łyżeczki sody oczyszczonej
- 1/2 łyżeczki soli
- 1 szklanka niesolonego masła, temperatura pokojowa
- 1 szklanka granulowanego cukru
- 1/2 szklanki miodu
- 4 jajka
- 2 łyżeczki ekstraktu waniliowego
- 1 szklanka maślanki
- 1 szklanka pokrojonych w kostkę świeżych fig

MIODOWA LAZURA:
- 1 szklanka cukru pudru
- 3 łyżki miodu
- 2 łyżki mleka

INSTRUKCJE:
a) Rozgrzej piekarnik do 175°C (350°F). Nasmaruj tłuszczem i mąką formę do pieczenia.
b) W misce połącz mąkę, proszek do pieczenia, sodę oczyszczoną i sól.
c) W dużej misce utrzyj masło, cukier i miód na jasną i puszystą masę. Dodawaj jajka, jedno po drugim, dobrze ubijając po każdym dodaniu. Wymieszać z wanilią.
d) Do ubitej masy dodawać mąkę na przemian z maślanką, zaczynając i kończąc na mieszance mącznej. Włóż pokrojone w kostkę figi.
e) Ciasto wlać do przygotowanej formy do pieczenia. Piec przez 60-70 minut lub do momentu, aż włożona wykałaczka będzie sucha.
f) Pozostaw ciasto do ostygnięcia na blasze przez 10 minut, następnie przełóż je na metalową kratkę, aby całkowicie ostygło.
g) Aby przygotować lukier, wymieszaj cukier puder, miód i mleko na gładką masę. Polać nim ostudzone ciasto.

17. Tropikalne ciasto bananowo-kokosowe

SKŁADNIKI:

- 3 szklanki mąki uniwersalnej
- 2 łyżeczki proszku do pieczenia
- 1/2 łyżeczki sody oczyszczonej
- 1/2 łyżeczki soli
- 1 szklanka niesolonego masła, temperatura pokojowa
- 2 szklanki granulowanego cukru
- 3 jajka
- 2 łyżeczki ekstraktu waniliowego
- 1 szklanka rozgniecionych dojrzałych bananów (około 2-3 bananów)
- 1 szklanka mleka kokosowego
- 1 szklanka wiórków kokosowych

Kokosowa :

- 1 szklanka cukru pudru
- 3-4 łyżki mleka kokosowego

INSTRUKCJE:

a) Rozgrzej piekarnik do 350°F (175°C). Nasmaruj tłuszczem i mąką formę do pieczenia.
b) Wymieszaj mąkę, proszek do pieczenia, sodę oczyszczoną i sól.
c) Masło i cukier utrzeć na puszystą masę. Dodawaj jajka, jedno po drugim, następnie wanilię, dobrze mieszając po każdym dodaniu. Wymieszaj z puree bananowym.
d) Do ciasta na zmianę dodawaj suche składniki i mleko kokosowe, zaczynając i kończąc na suchych składnikach. Wmieszać wiórki kokosowe.
e) Wlać ciasto do przygotowanej formy. Piec przez 60-70 minut lub do momentu, aż wbita wykałaczka będzie sucha.
f) Studzimy na blaszce przez 10 minut, następnie przekładamy na metalową kratkę do całkowitego wystygnięcia.
g) Aby przygotować lukier, wymieszaj cukier puder z mlekiem kokosowym na gładką masę. W razie potrzeby dostosuj konsystencję. Polej ostudzone ciasto.

18. Ciasto serowe z kremem truskawkowym

SKŁADNIKI:
- 2 1/2 szklanki mąki uniwersalnej
- 1 łyżeczka proszku do pieczenia
- 1/2 łyżeczki sody oczyszczonej
- 1/2 łyżeczki soli
- 3/4 szklanki niesolonego masła, temperatura pokojowa
- 1 1/2 szklanki granulowanego cukru
- 4 duże jajka
- 1 łyżeczka ekstraktu waniliowego
- 1 szklanka kwaśnej śmietany
- 8 uncji serka śmietankowego, zmiękczonego
- 1/2 szklanki konfitur truskawkowych

INSTRUKCJE:
a) Rozgrzej piekarnik do 175°C (350°F). Nasmaruj tłuszczem i mąką 10-calową patelnię typu Bundt.
b) W średniej misce wymieszaj mąkę, proszek do pieczenia, sodę oczyszczoną i sól.
c) W dużej misce utrzyj masło z cukrem pudrem na jasną i puszystą masę. Wbijaj jajka, jedno po drugim, a następnie wanilię. Stopniowo dodawaj mieszankę mączną na zmianę ze śmietaną, zaczynając i kończąc na mieszance mącznej.
d) W osobnej misce ubić serek śmietankowy na gładką masę. Wymieszać z konfiturą truskawkową.
e) Połowę ciasta wylać do przygotowanej formy. Na ciasto wyłóż mieszaninę serka śmietankowego. Posmaruj pozostałym ciastem.
f) Za pomocą noża wmieszaj mieszaninę serka śmietankowego w ciasto, tworząc efekt marmurku.
g) Piec 60-70 minut lub do momentu, gdy wbita w ciasto wykałaczka będzie sucha. Pozostawiamy do ostygnięcia na blasze przez 10 minut, a następnie przekładamy na metalową kratkę do całkowitego ostygnięcia.

19. Ciasto figowo-orzechowe

SKŁADNIKI:
- 2 filiżanki mąki uniwersalnej
- 1 łyżeczka proszku do pieczenia
- 1/2 łyżeczki sody oczyszczonej
- 1/2 łyżeczki soli
- 1 szklanka niesolonego masła, temperatura pokojowa
- 1 1/2 szklanki granulowanego cukru
- 4 jajka
- 1 łyżeczka ekstraktu waniliowego
- 1/2 szklanki maślanki
- 1 szklanka suszonych fig, posiekanych
- 1 szklanka posiekanych orzechów włoskich

INSTRUKCJE:
a) Rozgrzej piekarnik do 350°F (175°C). Nasmaruj tłuszczem i mąką formę do pieczenia.
b) Wymieszaj mąkę, proszek do pieczenia, sodę oczyszczoną i sól.
c) W dużej misce utrzyj masło z cukrem na jasną masę. Dodaj jajka, jedno po drugim, a następnie wanilię. Na zmianę dodawaj suche składniki i maślankę, zaczynając i kończąc na suchych składnikach. Dodać figi i orzechy włoskie.
d) Wlać ciasto do przygotowanej formy. Piec przez 55-65 minut, aż próbnik wyjdzie czysty. Studzimy na blasze przez 15 minut, następnie przekładamy na kratkę do całkowitego wystygnięcia.

20. Tropikalne ciasto bananowe

SKŁADNIKI:

- 3 szklanki mąki uniwersalnej
- 2 łyżeczki proszku do pieczenia
- 1 łyżeczka sody oczyszczonej
- 1/2 łyżeczki soli
- 1 szklanka niesolonego masła, temperatura pokojowa
- 2 szklanki cukru
- 3 duże jajka
- 2 łyżeczki ekstraktu waniliowego
- 1 szklanka rozgniecionych dojrzałych bananów (około 2-3 bananów)
- 1 szklanka mleka kokosowego
- 1 szklanka wiórków kokosowych
- 1/2 szklanki posiekanych orzechów makadamia

INSTRUKCJE:

a) Rozgrzej piekarnik do 350°F (175°C). Nasmaruj tłuszczem i mąką formę do pieczenia.
b) Wymieszaj mąkę, proszek do pieczenia, sodę oczyszczoną i sól.
c) Masło i cukier utrzeć na puszystą masę. Wbijaj jajka, jedno po drugim, następnie wanilię. Wymieszać z bananami. Na zmianę dodawaj suche składniki i mleko kokosowe, zaczynając i kończąc na suchych składnikach. Dodać wiórki kokosowe i orzechy makadamia.
d) Wlać do przygotowanej patelni. Piec przez 60-70 minut lub do momentu, aż włożona wykałaczka będzie sucha. Studzimy na blasze przez 20 minut, następnie przekładamy na metalową kratkę do całkowitego wystygnięcia.

BOTANICZNE CIASTECZKA BUNDT

21. Marmurowy zestaw z grochu motylkowego

SKŁADNIKI:
PAKIET MARMUROWY W PROSZKU MOTYLOWYM Z GROSZKU
- 3 ½ szklanki mąki uniwersalnej
- 4 łyżeczki proszku do pieczenia
- ¾ łyżeczki soli
- ¾ szklanki niesolonego masła w temperaturze pokojowej
- ½ szklanki oleju roślinnego
- 1 ¾ szklanki granulowanego cukru
- 3 jajka + 2 białka w temperaturze pokojowej
- 4 łyżeczki wanilii
- 1 ½ szklanki maślanki
- 1 łyżka proszku z groszku motylkowego
- 1 łyżka mleka

Waniliowa glazura motylkowa
- 1 ½ szklanki cukru pudru
- 1 łyżeczka proszku z groszku motylkowego
- ½ łyżeczki wanilii
- 2-4 łyżki mleka

INSTRUKCJE
PAKIET MARMUROWY W PROSZKU MOTYLOWYM Z GROSZKU

a) Rozgrzej piekarnik do 175°C/350°F. Formę Bundt o pojemności 12 filiżanek posmaruj masłem i obficie posyp mąką.

b) W średniej wielkości misce wymieszaj mąkę, proszek do pieczenia i sól. Odłożyć na bok.

c) W misie miksera wyposażonego w przystawkę do łopatek ubijaj masło, olej i cukier przez 5 minut, aż masa będzie jasna i puszysta.

d) Zdrap boki miski i dodawaj po jednym jajku, ubijając przez 20 sekund pomiędzy każdym dodaniem. Do ostatniego jajka dodać wanilię.

e) Na przemian dodawaj mieszankę mąki i maślanki. Dodać ⅓ mieszanki mącznej, następnie ½ maślanki, ⅓ mąki, pozostałą ½ maślanki i pozostałą ⅓ mąki.

f) Usuń ~ 3 szklanki ciasta i włóż je do średniej wielkości miski. W małej misce wymieszaj proszek z groszku motylkowego i mleko. Do 3 filiżanek delikatnie dodaj mieszankę proszku z groszku motylkowego, aż ciasto będzie całkowicie niebieskie.

g) Równomiernie rozprowadź ~⅓ ciasta waniliowego w Bundcie. Użyj ~⅓ niebieskiego ciasta, aby umieścić duże porcje na wanilii, a następnie użyj noża, aby delikatnie wymieszać błękit.

h) Dodaj kolejną ⅓ wanilii na wierzch, powtórz łączenie i zamieszaj dwa razy, kończąc na niebieskim cieście na wierzchu.

i) Piecz przez 50-60 minut, aż nóż włożony do bułki będzie czysty lub będzie zawierał tylko kilka wilgotnych okruszków.

j) Pozostaw ciasto do ostygnięcia na blasze przez 10-15 minut. Gdy patelnia będzie wystarczająco chłodna, aby można ją było dotknąć, przełóż ciasto na czystą powierzchnię. Przed nałożeniem lukru poczekaj, aż ciasto całkowicie ostygnie.

Waniliowa glazura motylkowa

k) W misce wymieszaj wszystkie składniki zaczynając od 2 łyżek mleka. W razie potrzeby dodać więcej mleka, aby uzyskać pożądaną konsystencję.

l) Polewę równomiernie wylać na ciasto.

m) Opcjonalnie: Do miski wsyp 1 łyżeczkę białego barwnika spożywczego. Za pomocą pędzla posmaruj ciasto. Na wierzch posypujemy płatkami róż i posypką z białych perełek cukrowych.

n) Podawaj i ciesz się!

22.Ciasto cytrynowo-rumiankowo-miodowe

SKŁADNIKI:
CIASTO MIODOWE Z RUMIANEM CYTRYNOWYM:
- 1 szklanka pełnego mleka
- ½ szklanki luźnej herbaty rumiankowej
- 2 łyżki miodu
- 3 szklanki drobnej mąki tortowej lub mąki tortowej
- 1 łyżeczka drobnej soli morskiej
- 1 łyżeczka sody oczyszczonej
- ½ łyżeczki proszku do pieczenia
- Skórka i sok z 4 średnich cytryn
- 1 ½ szklanki granulowanego cukru
- 1 szklanka niesolonego masła (w temperaturze pokojowej)
- 4 duże jajka (w temperaturze pokojowej)
- 2 łyżeczki czystego ekstraktu waniliowego

Glazura z miodem i rumiankiem cytrynowym :
- ½ szklanki) cukru
- ½ szklanki wody
- ½ szklanki luźnej herbaty rumiankowej
- ¼ szklanki soku z cytryny (z cytryn użytych do ciasta)
- ¼ szklanki miodu

INSTRUKCJE:
NA CIASTO CYTRYNOWO-RUMIANKO-MIODOWE:
a) Rozgrzej piekarnik do 350°F. Przygotuj formę na 10 szklanek ciasta, posmaruj ją roztopionym masłem i posyp mąką cukierniczą.
b) W małym rondlu postawionym na średnim ogniu połącz mleko, herbatę rumiankową i miód. Gotuj przez 5 minut, a następnie poczekaj, aż herbata ostygnie. Odcedź mleko, dodaj połowę soku z cytryny i odstaw.
c) Przesiać mąkę tortową, sól, proszek do pieczenia i sodę oczyszczoną. Dodaj skórkę z cytryny i wymieszaj.
d) W mikserze utrzyj masło z cukrem na puszystą masę. Dodawaj po jednym jajku, a następnie wanilię.
e) Dodawać mieszaninę mąki i ostudzone, namoczone mleko na przemian, odpowiednio w trzech i dwóch częściach.
f) Wlać ciasto do przygotowanej formy i piec przez 40-45 minut, obracając w połowie czasu. Ciasto powinno być złociste i sprężyste po dotknięciu.

DO LAZURY CYTRYNOWEJ Z RUMIANKU MIODOWEGO:
g) W garnku ustawionym na dużym ogniu wymieszaj cukier, wodę, miód, sok z cytryny i herbatę rumiankową. Doprowadzić do wrzenia, mieszając, aż cukier się rozpuści. Gotuj, aż mieszanina zgęstnieje, następnie zdejmij z ognia i ostudź. Odcedź syrop.
h) Gdy ciasto jest jeszcze na patelni, zrób w dnie dziury drewnianym szpikulcem. Na ciasto wylej ¾ glazury, pozwalając jej spłynąć do kanalików. Zarezerwuj pozostałą glazurę.
i) Pozostaw ciasto do ostygnięcia w formie na 30 minut, a następnie przełóż je na talerz. Posmaruj wierzch i boki pozostałą glazurą.
j) Opcjonalnie udekoruj ciasto świeżo zebranymi kwiatami rumianku. Pokrój i podawaj z bitą śmietaną.

23. Ciasto Cytrynowo-Makowe

SKŁADNIKI:
CIASTO:
- 230 g masła, temperatura pokojowa
- 230 g cukru pudru
- Skórka z 3 cytryn
- 4 duże jajka
- 100 g jogurtu greckiego pełnotłustego
- 300 g mąki samorosnącej, przesianej
- 1 łyżeczka proszku do pieczenia
- 2 łyżki maku, czarnego
- Szczypta soli

MŻAWKA:
- 100 g cukru pudru
- Sok z 3 cytryn

LUKIER:
- 100 g cukru pudru
- Sok z 1 cytryny
- Woda (w miarę potrzeby do uzyskania pożądanej konsystencji)

INSTRUKCJE:
a) Rozgrzej piekarnik do Gas Mark 4/160°C z termoobiegiem, 180°C. Spryskaj formę do pieczenia sprayem do usuwania ciasta lub obficie posmaruj masłem.
b) Utrzyj masło, cukier i skórkę z cytryny na jasną i puszystą masę, około 5-8 minut.
c) Dodawać po jednym jajku, dobrze miksując po każdym dodaniu.
d) Delikatnie wymieszaj z jogurtem greckim.
e) Dodaj przesianą samorosnącą mąkę, proszek do pieczenia, mak i szczyptę soli, aż dobrze się połączą.
f) Ciasto przełożyć do przygotowanej formy na bułkę. Piec przez 35 minut lub do momentu, gdy wbity w środek patyczek będzie suchy.
g) W czasie pieczenia ciasta przygotuj polewę, podgrzewając cukier z sokiem z cytryny na małym ogniu przez 2-3 minuty.
h) Po wyjęciu ciasta z piekarnika zrób w nim dziurki i polej ciepłą polewą. Pozostaw ciasto do ostygnięcia na 15 minut, a następnie wyjmij je z formy.
i) Na lukier wymieszaj cukier puder z sokiem z cytryny, aż uzyska płynną konsystencję. W razie potrzeby dodać wodę.
j) Przed podaniem posmaruj ciasto lukrem i udekoruj jadalnymi kwiatami.

24. Ciasto waniliowo-kwiatowe z polewą z hibiskusa

SKŁADNIKI:
CIASTO BUNDT:
- 1 ½ szklanki mąki
- ½ łyżeczki soli
- ¼ łyżeczki sody oczyszczonej
- ½ szklanki masła, miękkiego
- 1 ½ szklanki cukru
- 4 jajka
- 1 łyżeczka ekstraktu waniliowego
- ⅔ szklanki jogurtu naturalnego

Hibiskusowa :
- 2 torebki herbaty z hibiskusa
- 1 szklanka wody
- 1 ¾ szklanki przesianego cukru cukierniczego
- 2 łyżeczki świeżego soku z cytryny
- 1-3 łyżki zaparzonej herbaty z hibiskusa, ostudzonej

INSTRUKCJE:
HERBATA:
a) W 1 szklance wrzącej wody zaparzać torebki herbaty pod przykryciem przez 8-10 minut.
b) Odłóż na bok i pozostaw do całkowitego ostygnięcia.

NA CIASTO:
c) Rozgrzej piekarnik do 350°F. Przygotuj patelnię za pomocą sprayu do pieczenia i użyj pędzla do ciasta, aby równomiernie pokryć szczegóły patelni.
d) W małej misce wymieszaj mąkę, sodę oczyszczoną i sól. Odłożyć na bok.
e) Używając miksera z końcówką do łopatek, utrzyj masło i cukier. Mieszaj z jajkami, aż składniki zostaną dokładnie połączone.
f) Dodaj wanilię, mieszankę mąki i jogurt. Mieszaj, aż będzie gładka.
g) Wlać do przygotowanego zestawu na 6 filiżanek, napełniając tylko do ¾. Delikatnie dotknij blatu, aby uwolnić pęcherzyki powietrza.
h) Piec przez 35-40 minut lub do momentu, gdy wykałaczka wbita w środek ciasta będzie sucha. Wyjmij ciasto z piekarnika i pozostaw do ostygnięcia na 10 minut, a następnie przełóż je na kratkę do studzenia.

DO SZKLIWIENIA:
i) Gdy ciasto ostygnie, wymieszaj składniki glazury. Do cukru Cukiernika dodać sok z cytryny i ostudzoną zaparzoną herbatę, dodając po 1 łyżce i maksymalnie 3 łyżkami dla uzyskania pożądanej konsystencji i koloru.
j) Gdy ciasto jest gotowe do podania, polej polewą polewą ostudzone ciasto.

25. Ciasto Malinowe Bundt z Białą Czekoladą

SKŁADNIKI:
CIASTO:
- 8,8 uncji niesolonego masła
- 8,8 uncji białej czekolady
- 6,7 uncji wody
- 1 ½ szklanki drobnego cukru (trzcinowego).
- 2 duże jajka, temperatura pokojowa
- 1 łyżeczka ekstraktu waniliowego
- 4,4 uncji lekkiej kwaśnej śmietany
- 1 ½ szklanki mąki samorosnącej
- 1 ¼ szklanki mąki uniwersalnej
- 8,8 uncji mrożonych malin

KREM MASŁA Z BIAŁEJ CZEKOLADY:
- 7 uncji niesolonego masła, zmiękczonego
- 14 uncji lukru/cukru pudru
- 3,5 uncji białej czekolady
- 1,1 uncji kremu

INSTRUKCJE:
CIASTO:
a) Rozgrzej piekarnik do 160°C / 320°F. Nasmaruj tłuszczem i mąką formę do ciasta o średnicy 8 cali.
b) Rozpuść masło i czekoladę w misce przeznaczonej do kuchenki mikrofalowej przy mocy 50% przez dwie minuty.
c) Dodaj wodę i cukier, zamieszaj i kontynuuj podgrzewanie w kuchence mikrofalowej przy mocy 50% w odstępach 1-2 minutowych, aż wszystko się rozpuści. Pozostawić do ostygnięcia na 15 minut.
d) W małej misce lekko ubij jajka, śmietanę i wanilię.
e) W dużej misce przesiać razem mąki. Dodaj masę jajeczną do mąki. Nie łącz w pełni. Stopniowo dodawaj masę z białej czekolady, aż składniki się połączą.
f) Wymieszać z malinami i przelać do przygotowanej formy.
g) Piec przez około 1 godzinę 15 minut lub do momentu, aż patyczek będzie suchy.
h) Schładzamy ciasto w formie przez 20 minut. Wyjmij z formy i całkowicie ostudź na metalowej kratce, a następnie zawiń w folię spożywczą i włóż do lodówki na 4 godziny.

KREM MASŁA Z BIAŁEJ CZEKOLADY:
i) Rozpuść śmietankę i białą czekoladę przy mocy 50% w kuchence mikrofalowej przez 30 sekund, aż masa będzie gładka. Pozostawić do ostygnięcia na 15 minut.
j) W dużej misce, na średniej prędkości miksera elektrycznego, utrzyj masło na gładką masę.
k) Dodawaj cukier puder, po filiżance na raz, aż składniki dobrze się połączą.
l) Dodajemy masę kremową z białą czekoladą i ubijamy do połączenia.

26. Mini-ciasteczka hibiskusowo-cytrynowe

SKŁADNIKI:

- 1 ½ szklanki mąki uniwersalnej i więcej do podsypywania
- 1 łyżeczka proszku do pieczenia
- ½ łyżeczki soli
- 1 szklanka granulowanego cukru
- 4 łyżeczki pokruszonych liści herbaty cytrynowo-hibiskusowej
- 1 łyżka drobno startej skórki z cytryny plus 2 łyżki soku z cytryny (z około 1 dużej cytryny)
- 1 ¼ kostki (10 łyżek stołowych) niesolonego masła o temperaturze pokojowej
- 2 duże jajka
- 2 łyżeczki czystego ekstraktu waniliowego
- ¾ szklanki kwaśnej śmietany
- Spray do gotowania
- 2 szklanki cukru pudru
- Kwiaty hibiskusa w słoikach, posiekane, do posypania, plus 2 łyżki syropu

INSTRUKCJE:
a) Rozgrzej piekarnik do 150° F. Wymieszaj mąkę, proszek do pieczenia i sól w średniej misce.
b) Ubij granulowany cukier, pokruszone liście herbaty i skórkę z cytryny w dużej misce za pomocą miksera na średnio-wysokiej prędkości, aż dobrze się połączą, około 1 minuty. Dodaj masło i ubijaj, aż masa będzie jasna i kremowa, w razie potrzeby zdrapując miskę przez 3 do 5 minut.
c) Ubijaj jajka, jedno po drugim, aż się połączą, a następnie dodaj wanilię. Zmniejsz prędkość miksera do najniższej i w 3 partiach dodawaj mąkę, na zmianę ze śmietaną. Zwiększ prędkość do średnio-wysokiej i ubijaj, aż masa będzie gładka.
d) Obficie spryskaj mini patelnię Bundt na 6 filiżanek sprayem kuchennym i posyp mąką, wytrząsając nadmiar. Ciasto równomiernie rozdzielić pomiędzy foremki, wypełniając każdą do około dwóch trzecich wysokości.
e) Piec, aż ciasta będą złote na wierzchu i odskoczą po delikatnym naciśnięciu, od 27 do 32 minut. Przenieś blachę na kratkę i pozostaw ciasta do ostygnięcia na około 10 minut, następnie wyjmij je na kratkę, aby całkowicie ostygły.
f) W międzyczasie w średniej misce ubij cukier puder, sok z cytryny i syrop hibiskusowy, aż masa będzie gładka i łatwa do smarowania. Jeśli lukier jest zbyt sztywny, można go rozrzedzić kilkoma kroplami wody.
g) Łyżką nakładamy glazurę na ciasta, pozwalając jej spłynąć po bokach. Posyp posiekanymi kwiatami hibiskusa. Pozostawić do zastygnięcia na co najmniej 20 minut.

27. Ciasto Funtowe z Miodem Lawendowym

SKŁADNIKI:
- 1 szklanka miodu
- ¼ szklanki świeżej lawendy
- 1 szklanka niesolonego masła, zmiękczonego
- 1 szklanka cukru
- 4 jajka
- 2 szklanki uniwersalnej mieszanki mąki Pamela's Artisan
- 1 łyżeczka soli
- 1 łyżeczka ekstraktu waniliowego
- 1 szklanka cukru pudru
- 1 łyżeczka mleka
- ½ szklanki asortymentu jadalnych kwiatów

INSTRUKCJE:
a) Umieść miód i lawendę w małym garnku na dużym ogniu. Doprowadzić do wrzenia, następnie zdjąć z ognia i przykryć na godzinę. Usuń lawendę i wyrzuć.
b) Rozgrzej piekarnik do 350 stopni i posmaruj masłem lub tłuszczem patelnię Bundt na 4 filiżanki.
c) W mikserze utrzyj masło, miód i cukier na jasną i puszystą masę.
d) Dodawaj jajka pojedynczo, mieszając całkowicie pomiędzy każdym dodaniem.
e) Wymieszaj uniwersalną mieszankę mąki Artisan Pamela's i sól, aż dobrze się połączą.
f) Wymieszaj ekstrakt waniliowy.
g) Piec przez 45 minut – 1 godzinę lub do momentu, aż wbita wykałaczka będzie czysta.
h) Aby przygotować lukier, wymieszaj mleko z cukrem pudrem. Powinno być bardzo gęste, ale nadal dające się nalewać. W razie potrzeby dodać więcej mleka.
i) Polewą polej całkowicie wystudzone ciasto, a przed podaniem udekoruj jadalnymi kwiatami.

28. Ciasto kokosowe z polewą z hibiskusa

SKŁADNIKI:
CIASTO KOKOSOWE:
- 1 szklanka oleju kokosowego
- 2 szklanki cukru surowego, pulsującego
- 3 szklanki + 2 łyżki niebielonej mąki uniwersalnej
- 1 łyżeczka sody oczyszczonej
- 4 średnie lub duże jajka
- 1 łyżka ekstraktu kokosowego
- 2 łyżeczki ekstraktu waniliowego
- 1 ½ łyżeczki drobnej soli morskiej
- 1 ½ szklanki mleka kokosowego
- Spray do gotowania lub pieczenia (do pokrycia patelni)

Hibiskusowa :
- ¼ szklanki suszonych kwiatów hibiskusa
- ½ szklanki wody
- 1 szklanka + cukier puder

PROSTY SYROP:
- ¾ szklanki cukru surowego
- ⅔ szklanki wody
- 2 łyżeczki pasty lub ekstraktu waniliowego
- ¼ łyżeczki drobnej soli morskiej

INSTRUKCJE:
DO ZROBIENIA CIASTA:
a) Umieścić ruszt piekarnika na trzecim poziomie piekarnika. Rozgrzej piekarnik do 325°F. Dokładnie spryskaj patelnię Bundt sprayem do gotowania lub pieczenia.
b) Mieszaj olej kokosowy i cukier w mikserze z końcówką do ubijania przez 5 minut przy średniej prędkości.
c) W średniej misce wymieszaj mąkę i sodę oczyszczoną.
d) Nie przerywając pracy miksera, dodawaj po jednym jajku. Dodać ekstrakt kokosowy, wanilię i sól. Krótko wymieszaj.
e) Zatrzymaj mikser, dodaj ⅓ mieszanki mącznej i krótko wymieszaj. Wlać połowę mleka kokosowego i jeszcze trochę wymieszać. Powtórzyć proces z ⅓ mieszanki mąki i pozostałym mlekiem

kokosowym, a na koniec dodać pozostałą mieszankę mąki. Mieszaj, aż dobrze się połączą.

f) Ciasto przełożyć do przygotowanej tortownicy Bundt.
g) Piec przez 50 minut, następnie zwiększyć temperaturę piekarnika do 150°F i piec przez dodatkowe 5 do 10 minut. Sprawdź gotowość za pomocą wykałaczki.
h) Pozostawić do ostygnięcia na kilka minut, w dnie ciasta zrobić dziury i posmarować je połową syropu cukrowego. Odczekaj 10 do 15 minut, przełóż ciasto na talerz, przebij kolejne dziurki na wierzchu i posmaruj pozostałym syropem wierzch i boki ciasta. Pozwól mu odpocząć przez dodatkowe 10 minut.

DO WYKONANIA LAZURY HIBISKUSOWEJ :
i) W małym rondlu umieść suszone kwiaty hibiskusa i wodę. Gotuj przez 20 do 25 minut, aż woda zredukuje się do około ¼ szklanki.
j) Zdejmij z ognia, odcedź płyn do średniej miski.
k) Do płynu dodawaj w małych ilościach cukier i ubijaj, aż nie pozostaną grudki. Dostosuj konsystencję, dodając więcej wody lub mleka kokosowego, aby uzyskać rzadszą glazurę lub więcej cukru, aby uzyskać gęstszą. Wylać na wierzch ciasta.

ABY PRZYGOTOWAĆ PROSTY SYROP:
l) Wszystkie składniki wymieszać w małym rondlu i doprowadzić do wrzenia.
m) Zmniejsz ogień, aby zagotować i gotuj przez 2 minuty.
n) Mieszaj i gotuj przez dodatkowe 2 minuty.
o) Zdejmij z ognia i poczekaj, aż trochę ostygnie, zanim posmarujesz ciasto.

29. Tort magnoliowo-karmelowy

SKŁADNIKI:
CIASTO MAGNOLIA:
- ⅔ szklanki mleka migdałowego
- 1 szklanka działek magnolii (płatków)
- 1 ½ szklanki mąki bezglutenowej (równe części skrobi z tapioki i mąki z białego ryżu plus 1 łyżeczka gumy ksantanowej na każde 4 filiżanki)
- 1 ½ szklanki mąki migdałowej
- ¼ łyżeczki mielonego suszonego imbiru
- ⅔ szklanki masła bezmlecznego o temperaturze pokojowej
- 1 łyżeczka miso ze słodkiej ciecierzycy
- 1 ½ szklanki granulowanego cukru
- 2 łyżeczki proszku do pieczenia
- 1 łyżka pasty z ziaren wanilii
- 5 dużych jaj w temperaturze pokojowej

KANDYZOWANE TEPALE:
- 16 działek magnolii
- 1 białko jaja
- 1 łyżeczka wódki
- Cukier granulowany

GLAZURA:
- ½ szklanki masła bezmlecznego o temperaturze pokojowej
- ¾ szklanki brązowego cukru
- 3 łyżki mleka migdałowego
- 2 szklanki cukru pudru

INSTRUKCJE:
a) Rozgrzej piekarnik do 325°F. Dokładnie natłuść formę na 10 filiżanek.
b) Zmiksuj mleko migdałowe i działki magnolii w blenderze na gładką masę. Odłożyć na bok.
c) W średniej misce wymieszaj mąkę bezglutenową, mąkę migdałową i mielony suszony imbir.
d) W drugiej misce wymieszaj masło bezmleczne i miso. Dodaj proszek do pieczenia, wanilię i cukier granulowany; ubijaj, aż będzie gładkie i puszyste. Dodawaj jajka, jedno po drugim, dobrze ubijając po każdym dodaniu.
e) Dodaj ⅓ mąki, wymieszaj do połączenia, następnie dodaj połowę mleka magnoliowego i ubijaj do połączenia. Kontynuuj na przemian, zaczynając i kończąc na mieszance mąki. Zanim wlejesz ciasto do formy, upewnij się, że wszystko jest dobrze wymieszane.
f) Piec przez 50-60 minut, aż do momentu, w którym włożona wykałaczka będzie czysta. (Temperatura wewnętrzna powinna wynosić 210°F lub nieco więcej)

ZRÓB KANDYZOWANE DZIAŁKI MAGNOLII

g) Białka ubić z wódką na gładką masę. Za pomocą czystego pędzla pomaluj obie strony działki magnolii mieszanką, przyciśnij ją do talerza z cukrem, odwróć i dociśnij drugą stronę, aby ją pokryć. Powtórz z pozostałymi działkami.
h) Pozostaw ciasto na blaszce do ostygnięcia na 15 minut, a następnie wyjmij je na kratkę, aby całkowicie ostygło.
i) Zrób lukier w czasie, gdy ciasto ostygnie. Zagotuj wegańskie masło, brązowy cukier i mleko migdałowe w rondlu na małym ogniu. Mieszaj, aż brązowy cukier się rozpuści. Zdjąć z ognia i dodawać po filiżance cukier puder, dobrze ubijając, aż masa będzie gładka, uzyskując konsystencję „mżawki".
j) Gorącą polewę wylać na ciepłe ciasto i równomiernie rozsmarować. Połóż kandyzowane płatki magnolii na torcie, gdy lukier jest jeszcze ciepły, ponieważ stwardnieje po ostygnięciu.

30. Ciasto Wiśniowe Bundt

SKŁADNIKI:
POKRYWA SAKURA:
- 1 duże białko jajka
- 2 ¼ szklanki organicznego cukru pudru (282 g)
- 1 łyżeczka czystego ekstraktu waniliowego
- 1 łyżeczka ekstraktu Sakura (można zastąpić wodą różaną lub kwiatem pomarańczy)
- W razie potrzeby 1-2 łyżeczki wody
- Barwnik spożywczy w żelu: różne odcienie różu

CIASTO KONFETTI Z KWIATÓW WIŚNI:
- 1 szklanka niesolonego masła, miękkiego (226 g)
- 2 szklanki cukru kryształu (400g)
- ⅓ szklanki rafinowanego oleju kokosowego (72g)
- 2 łyżeczki czystego ekstraktu waniliowego
- 2 łyżeczki ekstraktu Sakura (można zastąpić wodą różaną lub kwiatem pomarańczy)
- 1 łyżeczka drobnej soli morskiej
- 2 łyżeczki proszku do pieczenia
- 4 duże białka jaj w temperaturze pokojowej
- 360 g mąki tortowej (około 3 szklanek, wstrząśnij mąką, wsyp ją do miarki i wypoziomuj miskę)
- 1 szklanka posypki Sakura (z góry)

RÓŻOWA SZKLIWA SAKURA :
- 1 szklanka cukru pudru (113g)
- 1-2 łyżki soku z czerwonych pomarańczy lub mrożonego przecieru malinowego (bez pestek)
- 1 łyżeczka ekstraktu Sakura

INSTRUKCJE:
POKRYWA SAKURA:
a) Nasmaruj tłuszczem trzy blachy z ciasteczkami i wyłóż je pergaminem. Przygotuj rękaw do wyciskania z końcówką z dwoma otworami; rozłóż torebkę do połowy i umieść ją do góry nogami w pustym kubku.
b) Wymieszaj białko, cukier puder, wanilię i ekstrakt Sakura. Konsystencję dostosowuj wodą, aż będzie przypominała „klej".

c) Pastę rozdzielić do trzech misek i każdą zabarwić innym odcieniem różu. Wyciśnij linie pasty na arkusze ciasteczek, zaczynając od najjaśniejszego różu i kończąc na najciemniejszym. Pozostawić do wyschnięcia na noc.
d) Następnego dnia stwardniałe patyczki połamać na mniejsze kawałki. Odstawić do momentu użycia.

CIASTO KONFETTI Z KWIATÓW WIŚNI:
e) Rozgrzej piekarnik do 350°F. Nasmaruj formę na 10 filiżanek sprayem do pieczenia.
f) W mikserze ubijaj masło, olej kokosowy, sól, cukier, ekstrakty i proszek do pieczenia, aż będą puszyste (co najmniej pięć minut).
g) Dodawać po jednym białka, dobrze ubijając po każdym dodaniu. Po dodaniu wszystkich jajek ubijaj jeszcze kilka minut.
h) Na ciasto przesiać mąkę tortową i wymieszać gumową szpatułką. Przy włączonym mikserze wlać kefir i ubijać do całkowitego połączenia.
i) Za pomocą gumowej szpatułki wmieszać posypkę Sakura. Wlać ciasto do formy i piec przez około 45 minut lub do momentu, aż środek ciasta odskoczy po naciśnięciu.
j) Pozostaw ciasto do ostygnięcia w formie na 5-10 minut, a następnie przełóż je na talerz, aby całkowicie ostygło.

RÓŻOWA SZKLIWA SAKURA :
k) Wszystkie składniki glazury połączyć tak, aby powstała pasta. Dostosuj gęstość za pomocą soku.
l) Powstałą polewą polej ostudzony biszkopt. Na wierzch dodaj pozostałą posypkę.
m) Aby zachować optymalną świeżość, ciasto należy przechowywać w szczelnym pojemniku w temperaturze pokojowej do 3 dni. Ciesz się delikatnymi smakami i oszałamiającym wyglądem ciasta Bundt z kwiatami wiśni!

31.Ciasto cytrynowo-imbirowe

SKŁADNIKI:
NA CIASTO:
- 2 ½ szklanki mąki
- ½ łyżeczki sody oczyszczonej
- ½ łyżeczki proszku do pieczenia
- 1 łyżeczka soli
- 1 szklanka masła o temperaturze pokojowej
- 1 ½ szklanki cukru
- 1 szklanka ricotty
- 2 łyżki skórki cytrynowej (z około dwóch cytryn)
- 2 łyżki świeżo startego imbiru (lub 4 łyżki mielonego imbiru)
- 4 jajka w temperaturze pokojowej
- ½ szklanki soku z cytryny (z około 1 ½ cytryny)

DO SZKLIWIENIA:
- 2 szklanki cukru pudru, przesianego
- 1 łyżka skórki cytrynowej
- 4 łyżki soku z cytryny

INSTRUKCJE:

a) Rozgrzej piekarnik do 350 stopni. Dokładnie nasmaruj formę na 10 filiżanek masłem i mąką.
b) W średniej misce wymieszaj mąkę, sodę oczyszczoną, proszek do pieczenia i sól. Jeśli używasz mielonego imbiru, dodaj go na tym etapie do mieszanki mąki.
c) W dużej misce, za pomocą miksera ręcznego lub elektrycznego, ubijaj masło, aż będzie kremowe i gładkie. Stopniowo dodawaj cukier i ubijaj na średnich obrotach, aż masa będzie puszysta.
d) Dodać ricottę, skórkę z cytryny i starty imbir. Ubijaj, aż się połączą; może wydawać się nieco oddzielony, ale to w porządku.
e) Dodawaj po jednym jajku, ubijaj aż żółtka znikną.
f) Mieszając na małych obrotach, dodawaj mieszankę mączną na przemian z sokiem z cytryny, zaczynając i kończąc na mące.
g) Łyżką przełóż ciasto do przygotowanej formy do pieczenia ciasta i wygładź wierzch szpatułką. Uderz mocno patelnią kilka razy, aby zredukować pęcherzyki.
h) Piec przez 40-45 minut lub do momentu, gdy wbita wykałaczka będzie sucha. Pozostaw ciasto do ostygnięcia na blaszce na metalowej kratce przez 10-20 minut. Delikatnie potrząśnij tortownicą, aby ją poluzować, następnie odwróć ją na drucianą kratkę i pozostaw do całkowitego ostygnięcia.
i) W międzyczasie przygotuj glazurę. W średniej misce wymieszaj cukier puder, skórkę z cytryny i sok z cytryny, aż masa będzie gładka.
j) Powstałą glazurą polej ostudzone ciasto i pozostaw do zastygnięcia. Cieszyć się!

32. Ciasto Różano-Pistacjowe

SKŁADNIKI:
- 2 1/2 szklanki mąki uniwersalnej
- 1/2 łyżeczki proszku do pieczenia
- 1/2 łyżeczki sody oczyszczonej
- 1/4 łyżeczki soli
- 1 szklanka niesolonego masła, temperatura pokojowa
- 2 szklanki granulowanego cukru
- 4 jajka
- 1 łyżeczka ekstraktu waniliowego
- 1 łyżeczka wody różanej
- 1 szklanka maślanki
- 1 szklanka pistacji, drobno posiekanych
- 2 łyżki suszonych płatków róż (jadalnych)

GLAZURA:
- 1 szklanka cukru pudru
- 2-3 łyżki mleka
- 1/2 łyżeczki wody różanej
- Pokruszone pistacje i płatki róż do dekoracji

INSTRUKCJE:
a) Rozgrzej piekarnik do 350°F (175°C). Nasmaruj tłuszczem i mąką formę do pieczenia.
b) Wymieszaj mąkę, proszek do pieczenia, sodę oczyszczoną i sól.
c) Masło i cukier utrzeć na jasną i puszystą masę. Dodawaj jajka, jedno po drugim, następnie wymieszaj z wanilią i wodą różaną. Na zmianę dodawaj suche składniki i maślankę, zaczynając i kończąc na suchych składnikach. Wsypać pistacje.
d) Wlać ciasto do przygotowanej formy. Posyp ciasto płatkami róż i delikatnie wymieszaj patyczkiem do uzyskania marmurkowego efektu.
e) Piec przez 50-60 minut lub do momentu, gdy wbita wykałaczka będzie sucha. Studzimy na blaszce przez 10 minut, następnie przekładamy na metalową kratkę do całkowitego wystygnięcia.
f) Aby przygotować lukier, wymieszaj cukier puder, mleko i wodę różaną na gładką masę. Posmaruj ostudzone ciasto i udekoruj pokruszonymi pistacjami i płatkami róż.

33. Ciasto herbaciane Earl Grey Bundt

SKŁADNIKI:
- 3 szklanki mąki uniwersalnej
- 1 łyżeczka proszku do pieczenia
- 1/2 łyżeczki sody oczyszczonej
- 1/2 łyżeczki soli
- 1 szklanka niesolonego masła, zmiękczonego
- 2 szklanki granulowanego cukru
- 4 jajka
- 2 łyżki liści herbaty Earl Grey (drobno zmielonych)
- 1 łyżeczka ekstraktu waniliowego
- 1 szklanka mleka

GLAZURA:
- 1 szklanka cukru pudru
- 2-3 łyżki zaparzonej herbaty Earl Grey (ostudzonej)

INSTRUKCJE:
a) Rozgrzej piekarnik do 350°F (175°C). Nasmaruj tłuszczem i mąką formę do pieczenia.
b) Wymieszaj mąkę, proszek do pieczenia, sodę oczyszczoną i sól. Odłożyć na bok.
c) Masło i cukier utrzeć na jasną i puszystą masę. Dodaj jajka, jedno po drugim, a następnie wanilię. Wymieszaj zmielone liście herbaty.
d) Do ciasta na zmianę dodawać suche składniki i mleko, zaczynając i kończąc na suchych składnikach.
e) Wlać ciasto do przygotowanej formy. Piec przez 55-65 minut lub do momentu, aż wykałaczka będzie sucha. Ostudzić na patelni, następnie odwrócić na metalową kratkę.
f) Na lukier ubić cukier puder z zaparzoną herbatą na gładką masę. Polać nim ostudzone ciasto.

34. Ciasto migdałowe z kwiatami pomarańczy

SKŁADNIKI:
- 2 3/4 szklanki mąki uniwersalnej
- 1 łyżeczka proszku do pieczenia
- 1/2 łyżeczki sody oczyszczonej
- 1/4 łyżeczki soli
- 1 szklanka niesolonego masła, zmiękczonego
- 2 szklanki granulowanego cukru
- 5 jaj
- 2 łyżeczki wody z kwiatu pomarańczy
- Skórka z 1 pomarańczy
- 1 szklanka kwaśnej śmietany
- 1 szklanka mąki migdałowej

GLAZURA:
- 1 szklanka cukru pudru
- 3-4 łyżki soku pomarańczowego
- 1/2 łyżeczki wody z kwiatu pomarańczy

INSTRUKCJE:
a) Rozgrzej piekarnik do 350°F (175°C). Nasmaruj tłuszczem i mąką formę do pieczenia.
b) Wymieszaj mąkę uniwersalną, proszek do pieczenia, sodę oczyszczoną i sól.
c) Masło i cukier utrzeć na puszystą masę. Dodawaj jajka, jedno po drugim, następnie wodę z kwiatu pomarańczy i skórkę. Mieszać na przemian suche składniki i kwaśną śmietaną, zaczynając i kończąc na suchych składnikach. Wsypać mąkę migdałową.
d) Wlać do brytfanny. Piec przez 60-70 minut lub do momentu, aż próbnik wyjdzie czysty. Ostudzić, a następnie odwrócić na kratkę.
e) Aby przygotować lukier, wymieszaj cukier puder, sok pomarańczowy i wodę z kwiatu pomarańczy. W razie potrzeby dostosuj konsystencję, dodając więcej soku lub cukru. Polać ciasto.

35.Ciasto Bundt z szałwią i cytrusami

SKŁADNIKI:
- 3 szklanki mąki uniwersalnej
- 2 łyżeczki proszku do pieczenia
- 1/2 łyżeczki sody oczyszczonej
- 1/2 łyżeczki soli
- 1 szklanka niesolonego masła, temperatura pokojowa
- 2 szklanki granulowanego cukru
- 4 jajka
- 1 łyżka świeżej szałwii, drobno posiekanej
- 2 łyżki skórki cytrusowej (mieszanka cytryny, limonki i pomarańczy)
- 1 szklanka maślanki
- Sok z 1 cytryny

GLAZURA:
- 1 szklanka cukru pudru
- 2 łyżki soku cytrusowego (mieszanka cytryny, limonki i pomarańczy)
- Liście szałwii do dekoracji

INSTRUKCJE:
a) Rozgrzej piekarnik do 350°F (175°C). Nasmaruj tłuszczem i mąką formę do pieczenia.
b) Połącz mąkę, proszek do pieczenia, sodę oczyszczoną i sól.
c) W dużej misce utrzyj masło z cukrem na jasną i puszystą masę. Wbijaj jajka, jedno po drugim, następnie wymieszaj z szałwią i skórką cytrusową. Do ciasta na zmianę dodawaj suche składniki i maślankę, zaczynając i kończąc na suchych składnikach. Wymieszać z sokiem z cytryny.
d) Wlać ciasto do przygotowanej formy. Piec 55-65 minut, aż włożona wykałaczka będzie sucha. Pozostaw do ostygnięcia, a następnie przełóż na kratkę.
e) Aby przygotować lukier, wymieszaj cukier puder z sokiem cytrynowym na gładką masę. Polej ostudzone ciasto i udekoruj listkami szałwii.

36. Ciasto gruszkowe z kardamonem

SKŁADNIKI:
- 3 szklanki mąki uniwersalnej
- 1 łyżeczka proszku do pieczenia
- 1/2 łyżeczki sody oczyszczonej
- 1/4 łyżeczki soli
- 2 łyżeczki mielonego kardamonu
- 1 szklanka niesolonego masła, temperatura pokojowa
- 2 szklanki granulowanego cukru
- 4 jajka
- 1 łyżeczka ekstraktu waniliowego
- 1 szklanka kwaśnej śmietany
- 2 gruszki, obrane, pozbawione gniazd nasiennych i pokrojone w kostkę

GLAZURA:
- 1 szklanka cukru pudru
- 2-3 łyżki mleka
- 1/2 łyżeczki ekstraktu waniliowego

INSTRUKCJE:
a) Rozgrzej piekarnik do 350°F (175°C). Nasmaruj tłuszczem i mąką formę do pieczenia.
b) W misce wymieszaj mąkę, proszek do pieczenia, sodę oczyszczoną, sól i kardamon.
c) W dużej misce utrzyj masło z cukrem na jasną i puszystą masę. Wbijaj jajka, jedno po drugim, a następnie dodaj wanilię. Stopniowo dodawaj mieszankę mączną, na zmianę ze śmietaną, zaczynając i kończąc na mące. Dołóż pokrojone w kostkę gruszki.
d) Wlać ciasto do przygotowanej formy. Piec przez 60-70 minut lub do momentu, aż włożona wykałaczka będzie sucha. Studzimy na blasze przez 10 minut, następnie przekładamy na metalową kratkę do całkowitego wystygnięcia.
e) Aby przygotować lukier, wymieszaj cukier puder, mleko i wanilię, aż masa będzie gładka. Polać nim ostudzone ciasto.

37. Ciasto brzoskwiniowe z tymiankiem i miodem

SKŁADNIKI:
- 3 szklanki mąki uniwersalnej
- 1 łyżeczka proszku do pieczenia
- 1/2 łyżeczki sody oczyszczonej
- 1/4 łyżeczki soli
- 1 szklanka niesolonego masła, zmiękczonego
- 1 1/2 szklanki granulowanego cukru
- 1/2 szklanki miodu
- 4 jajka
- 2 łyżeczki świeżych liści tymianku
- 1 łyżeczka ekstraktu waniliowego
- 1 szklanka jogurtu greckiego
- 2 brzoskwinie, obrane i pokrojone w kostkę

GLAZURA:
- 1 szklanka cukru pudru
- 2 łyżki soku brzoskwiniowego lub mleka
- 1 łyżka miodu

INSTRUKCJE:
a) Rozgrzej piekarnik do 350°F (175°C). Nasmaruj tłuszczem i mąką formę do pieczenia.
b) Wymieszaj mąkę, proszek do pieczenia, sodę oczyszczoną i sól.
c) W dużej misce utrzyj masło, cukier i miód na puszystą masę. Wbijaj jajka, jedno po drugim, następnie dodaj tymianek i wanilię. Na przemian dodawaj suche składniki i jogurt grecki. Włóż pokrojone w kostkę brzoskwinie.
d) Wlać do przygotowanej patelni. Piec przez 55-65 minut lub do momentu, aż wykałaczka będzie sucha. Ostudzić na patelni, następnie odwrócić na kratkę.
e) Do posmarowania wymieszaj cukier puder, sok brzoskwiniowy lub mleko i miód. W razie potrzeby dostosuj konsystencję. Polać ciasto.

38. Ciasto jaśminowe z zieloną herbatą

SKŁADNIKI:
- 3 szklanki mąki uniwersalnej
- 1 1/2 łyżeczki proszku do pieczenia
- 1/2 łyżeczki sody oczyszczonej
- 1/4 łyżeczki soli
- 1 szklanka niesolonego masła, temperatura pokojowa
- 2 szklanki granulowanego cukru
- 4 jajka
- 2 łyżki liści zielonej herbaty jaśminowej (drobno zmielonych)
- 1 łyżeczka ekstraktu waniliowego
- 1 szklanka maślanki

GLAZURA:
- 1 szklanka cukru pudru
- 2-3 łyżki zaparzonej zielonej herbaty jaśminowej (ostudzonej)

INSTRUKCJE:

a) Rozgrzej piekarnik do 350°F (175°C). Nasmaruj tłuszczem i mąką formę do pieczenia.

b) Wymieszaj mąkę, proszek do pieczenia, sodę oczyszczoną i sól.

c) W dużej misce utrzyj masło z cukrem na jasną i puszystą masę. Dodaj jajka, jedno po drugim, następnie wymieszaj ze zmielonymi liśćmi herbaty i wanilią. Na zmianę dodawaj suche składniki i maślankę, zaczynając i kończąc na suchych składnikach.

d) Wlać ciasto na patelnię. Piec przez 55-65 minut lub do momentu, aż wykałaczka będzie sucha. Ostudź na patelni, a następnie przełóż na metalową kratkę.

e) Na lukier ubić cukier puder z zaparzoną herbatą na gładką masę. Polać nim ostudzone ciasto, pozostawić przed podaniem do stężenia.

ORZECHOWE CIASTECZKA BUNDT

39. Ciasto Pralinowe Bundt

SKŁADNIKI:
- 3 szklanki mąki uniwersalnej
- 1 łyżeczka sody oczyszczonej
- 1 łyżeczka soli koszernej
- 1 ½ szklanki brązowego cukru
- 1 ½ szklanki granulowanego cukru
- 1½ szklanki (3 patyczki) niesolonego masła o temperaturze pokojowej
- 5 dużych jaj
- 1 szklanka maślanki
- 1 łyżka ekstraktu waniliowego

NA lukier:
- 5 łyżek niesolonego masła
- 1 szklanka brązowego cukru
- 1 ¼ szklanki cukru pudru
- ¼ szklanki skondensowanego mleka
- 1 łyżeczka ekstraktu waniliowego
- 1 szklanka posiekanych orzechów pekan

INSTRUKCJE:

a) Rozgrzej piekarnik do 325 stopni F. Spryskaj dużą patelnię Bundt nieprzywierającym sprayem do gotowania.
b) W dużej misce przesiej mąkę, sodę oczyszczoną i sól. Ustaw na bok.
c) W osobnej dużej misce wymieszaj cukry i niesolone masło. Mieszaj, aż masa będzie gładka i kremowa, a następnie zacznij dodawać jajka, jedno po drugim. Mieszaj, aż dobrze się połączą.
d) Dodawaj na zmianę maślankę i suche składniki do miski z masłem i masłem, aż wszystko się połączy. Pamiętaj, aby wymieszać na niskiej prędkości. Następnie dodajemy wanilię i łączymy z ciastem.
e) Wlać ciasto do przygotowanej formy i potrząsnąć, aby pozbyć się pęcherzy powietrza. Piec ciasto przez 1 godzinę do 1 godziny i 15 minut, aż będzie złotobrązowe. Wyjmij z piekarnika i pozostaw do ostygnięcia na blasze przez 20 minut, a następnie wyjmij ciasto z formy.
f) Aby przygotować lukier, rozpuść masło w średnim rondlu na średnim ogniu. Dodajemy brązowy cukier i cukier puder. Wlać skondensowane mleko, wymieszać. Pozwól bąblować przez 2 minuty, a następnie wyłącz ogrzewanie. Dodaj wanilię i posyp orzechami pekan. Dodać składniki i odstawić na 20 minut.
g) Całość polej polewą orzechową i odstaw ciasto na co najmniej 30 minut przed podaniem.

40. Ciasto Bundt z Masłem Orzechowym I Galaretką

SKŁADNIKI:

- 2 ½ szklanki mąki uniwersalnej
- 1 ½ łyżeczki proszku do pieczenia
- 1 łyżeczka sody oczyszczonej
- ½ łyżeczki soli
- ½ szklanki niesolonego masła; w temperaturze pokojowej
- 2 szklanki cukru
- ¼ szklanki masła orzechowego typu Chunky
- 2 łyżeczki ekstraktu waniliowego
- 3 duże jajka
- 1 szklanka kwaśnej śmietany
- ½ szklanki galaretki winogronowej

INSTRUKCJE:

a) Nagrzej piekarnik do 350 stopni. Umieść ruszt do pieczenia w dolnej jednej trzeciej części piekarnika. Wymieszaj mąkę, proszek do pieczenia, sodę oczyszczoną i sól; odłożyć na bok.
b) W dużej misce miksera elektrycznego utrzyj masło i cukier, aż masa będzie jasna i puszysta.
c) Dodaj masło orzechowe i wanilię, ubijaj, aż dobrze się połączą. Dodawaj jajka, jedno po drugim, ubijając, aż się połączą.
d) Ubić w śmietanie. Zmniejsz prędkość miksera do najniższej prędkości i stopniowo dodawaj mieszaninę mąki, mieszając aż do połączenia.
e) Połowę ciasta (około 3 filiżanek) włóż łyżką do natłuszczonej formy Bundt na 12 filiżanek.
f) Rozłóż 3 łyżki galaretki na cieście, unikając krawędzi patelni. Częściowo wmieszaj galaretkę w ciasto za pomocą szaszłyka lub noża o cienkim ostrzu. Łyżką przełóż resztę ciasta na patelnię, wymieszaj i wlej pozostałą galaretkę do ciasta.
g) Piec przez 1 godzinę lub do momentu, aż drewniany wykałaczka włożona w środek będzie czysta.
h) Pozostaw ciasto do ostygnięcia na blasze przez 10 minut, następnie przełóż je na metalową kratkę.
i) Podawać na ciepło lub w temperaturze pokojowej.

41. Ciasto Streusel Bundt z orzechami klonowymi

SKŁADNIKI:
NA CIASTO:
- 1 opakowanie żółtej mieszanki do ciasta
- ½ szklanki roztopionego, niesolonego masła
- 1 szklanka kwaśnej śmietany
- ½ szklanki czystego syropu klonowego
- 3 duże jajka
- 1 łyżeczka ekstraktu waniliowego

NA KREMOWĘ:
- ½ szklanki mąki uniwersalnej
- ¼ szklanki granulowanego cukru
- ¼ szklanki niesolonego masła, zimnego i pokrojonego w kostkę
- ½ szklanki posiekanych orzechów włoskich

INSTRUKCJE:
a) Rozgrzej piekarnik do 175°C i obficie natłuść formę do ciasta.
b) W dużej misce wymieszaj masę żółtego ciasta, roztopione masło, śmietanę, syrop klonowy, jajka i ekstrakt waniliowy. Mieszaj, aż dobrze się połączą i będą gładkie.
c) Połowę ciasta wylać do przygotowanej tortownicy i równomiernie rozsmarować.
d) Aby przygotować kruszonkę, w osobnej misce wymieszaj mąkę uniwersalną i cukier granulowany. Dodaj zimne masło pokrojone w kostkę i za pomocą widelca lub noża do ciasta wymieszaj je, aż powstanie kruszonka. Wmieszać posiekane orzechy włoskie.
e) Połóż połowę kruszonki na cieście na patelni.
f) Na warstwę kruszonki wylać resztę ciasta i równomiernie je rozprowadzić.
g) Posyp pozostałą mieszanką kruszonki.
h) Piecz ciasto przez 45-50 minut lub do momentu, aż wykałaczka wbita w środek będzie sucha.
i) Pozostaw ciasto do ostygnięcia w formie na około 15 minut, a następnie przenieś je na metalową kratkę, aby całkowicie ostygło.

42. Ciasto orzechowe Banoffee Bundt

SKŁADNIKI:

- 1 opakowanie Krusteaz Cinnamon Swirl Ciasto kruche i mieszanka muffinów
- 1 jajko
- ⅔ szklanki wody
- 1 łyżeczka ekstraktu waniliowego
- ½ szklanki posiekanych orzechów pekan
- ¼ szklanki kawałków toffi
- 2 Dojrzałe banany, rozgniecione
- ¼ szklanki sosu karmelowego
- Spray do gotowania

INSTRUKCJE:

a) Rozgrzej piekarnik do 350°F. Lekko nasmaruj formę do pieczenia na 6 filiżanek sprayem do gotowania.

b) W misce wymieszaj masę ciasta, jajko, wodę, ekstrakt waniliowy, ¼ szklanki posiekanych orzechów pekan, kawałki toffi i puree bananowe, aż składniki się połączą. Ciasto będzie lekko grudkowate.

c) Połowę ciasta wyłóż na przygotowaną formę i równomiernie rozprowadź. Posyp ciasto połową torebki cynamonowej. Na warstwę wierzchnią nakładać pozostałym ciastem małymi łyżkami i rozprowadzać je aż do krawędzi patelni. Pozostałą nadzieniem posyp równomiernie ciasto.

d) Piec w nagrzanym piekarniku przez 40-45 minut lub do momentu, aż wykałaczka wbita w środek będzie czysta.

e) Schłodzić ciasto przez 5-10 minut. Za pomocą noża do masła oddziel brzegi ciasta od formy i ostrożnie przełóż je na półmisek.

f) Skrop ciasto sosem karmelowym i udekoruj pozostałymi posiekanymi orzechami pekan.

43. Glazurowane ciasto migdałowe

SKŁADNIKI:
NA CIASTO:
- 2 ½ szklanki mąki uniwersalnej
- ½ szklanki mielonych migdałów
- 2 łyżeczki proszku do pieczenia
- ½ łyżeczki soli
- 1 szklanka masła, miękkiego
- 2 szklanki białego cukru
- 4 jajka
- 1 ⅔ łyżeczki ekstraktu waniliowego
- 1 ½ łyżeczki ekstraktu migdałowego
- 1 szklanka mleka

DO SZKLIWIENIA:
- ¼ szklanki mleka
- ¾ szklanki białego cukru
- ½ łyżeczki ekstraktu migdałowego
- ½ szklanki posiekanych migdałów

INSTRUKCJE:

a) Rozgrzej piekarnik do 175 stopni C (350 stopni F). Nasmaruj tłuszczem i mąką 10-calową patelnię Bundt.
b) W misce wymieszaj mąkę, zmielone migdały, proszek do pieczenia i sól.
c) W dużej misce utrzyj masło z cukrem na jasną i puszystą masę.
d) Wbijaj jajka, jedno po drugim, następnie dodaj wanilię i ekstrakt migdałowy.
e) Dodawaj mąkę na zmianę z mlekiem, cały czas mieszając, aż masa się połączy.
f) Wlać ciasto do przygotowanej formy Bundt. Piec w nagrzanym piekarniku przez 60 do 70 minut lub do momentu, aż wykałaczka wbita w środek ciasta będzie sucha.
g) Studzimy przez 10 minut, następnie odwracamy na metalową kratkę i studzimy jeszcze 10 minut.
h) W międzyczasie przygotuj **GLAZĘ:** Połącz w misce mleko, cukier, ekstrakt migdałowy i pokrojone migdały.
i) Połóż ruszt i ciasto na arkuszu woskowanego papieru. Powstałą polewą polej ciepłe ciasto.

44. Ciasto pistacjowe

SKŁADNIKI:
NA CIASTO PISTACJOWE:
- 2 ½ szklanki (312 g) mąki uniwersalnej
- 2 łyżeczki proszku do pieczenia
- ½ łyżeczki soli
- ½ szklanki obranych i zmielonych pistacji
- 1 szklanka (226 g) niesolonego masła o temperaturze pokojowej
- 2 szklanki (400 g) cukru kryształu
- 4 duże jajka, temperatura pokojowa
- 2 łyżeczki ekstraktu z pistacji (patrz uwagi)
- 1 łyżeczka ekstraktu waniliowego
- 1 szklanka (240 ml) pełnego mleka o temperaturze pokojowej

NA LAKIER WANILIOWY:
- 1 ½ szklanki (180 g) przesianego cukru cukierniczego
- 1-2 łyżki mleka
- 1 łyżeczka czystego ekstraktu waniliowego
- ½ szklanki pistacji łuskanych, do dekoracji

INSTRUKCJE:
a) Rozgrzej piekarnik do 350° F. Natłuść i posyp mąką 10-calową patelnię.
b) Wymieszaj mąkę, proszek do pieczenia, sól i zmielone pistacje. Odłożyć na bok.
c) W misie miksera stacjonarnego (lub miksera ręcznego) utrzyj masło z cukrem na jasną i kremową masę, około 2 minut.
d) Dodawaj jajka, jedno po drugim, dobrze ubijając po każdym dodaniu. W razie potrzeby zeskrob boki i dno miski. Wymieszaj ekstrakt pistacjowy i ekstrakt waniliowy.
e) Dodawaj na zmianę mąkę i mleko, kończąc na mieszance mąki. Nie przesadzaj.

UPIEC CIASTO:
f) Wlać ciasto do przygotowanej formy. Piec w temperaturze 350° F przez 60 do 70 minut lub do momentu, aż wykałaczka włożona w środek ciasta będzie czysta. Studzimy na blaszce przez 10 minut, następnie przekładamy na metalową kratkę do całkowitego wystygnięcia.

ZROBIĆ LUK:
g) Wymieszaj cukier cukierniczy, mleko i ekstrakt waniliowy. Polać wystudzonym ciastem i udekorować pistacjami.
h) Gdy lukier zastygnie, pokrój i podawaj pyszne ciasto pistacjowe.

45.Ciasto Pecan Pie Bundt

SKŁADNIKI:
NA CIASTO:
- 2 łyżki masła
- 1 szklanka drobno posiekanych orzechów pekan
- 1 szklanka niesolonego masła, zmiękczonego
- 1 ¾ szklanki granulowanego cukru
- 1 łyżka ekstraktu waniliowego
- 4 duże jajka
- 2 filiżanki mąki uniwersalnej
- 1 łyżeczka proszku do pieczenia
- ¾ szklanki miodu z kwiatów pomarańczy
- ½ szklanki pełnej maślanki

NA Mżawkę:
- ½ szklanki mocno upakowanego jasnobrązowego cukru
- ¼ szklanki niesolonego masła
- 2 łyżki śmietanki do kawy (preferowany smak orzechów laskowych)
- Szczypta soli

INSTRUKCJE:
a) Rozgrzej piekarnik do 325°F.

NA CIASTO:
b) Nasmaruj masłem formę Kugelhopf Bundt Pan na 10 filiżanek. Posyp orzechy pekan na patelni i obracaj patelnię, aby je pokryć. Pozostałe orzechy pekan pozostaw na dnie patelni, zapewniając równomierne rozłożenie.
c) Używając miksera stojącego, ubijaj masło, cukier i wanilię na średniej prędkości, aż będą puszyste, około 4 do 5 minut, zatrzymując się, aby zeskrobać boki miski.
d) Dodawaj jajka, jedno po drugim, dobrze ubijając po każdym dodaniu.
e) W średniej misce wymieszaj mąkę i proszek do pieczenia. W małej misce wymieszaj miód i maślankę.
f) Stopniowo dodawaj mieszankę mączną do masy maślanej na przemian z maślanką, zaczynając i kończąc na mieszance mąki. Po każdym dodaniu ubijaj tylko do połączenia.
g) Łyżką wlewaj ciasto do przygotowanej formy.
h) Piec, aż drewniany wykałaczka włożona blisko środka wyjdzie z kilkoma wilgotnymi okruszkami, około 1 godziny.
i) Pozostaw ciasto do ostygnięcia na blasze przez 10 minut. Odwróć ciasto na metalową kratkę i pozostaw do ostygnięcia na dodatkowe 30 minut.

NA Mżawkę:
j) W małym rondlu zagotuj brązowy cukier, masło, śmietankę do kawy i sól.
k) Zdejmij z ognia i powoli polej powstałą mieszanką ciepłe ciasto.

46. Ciasto czekoladowe z orzechami laskowymi

SKŁADNIKI:
- 2 1/2 szklanki mąki uniwersalnej
- 1/2 łyżeczki proszku do pieczenia
- 1/2 łyżeczki sody oczyszczonej
- 1/4 łyżeczki soli
- 1 szklanka niesolonego masła, temperatura pokojowa
- 2 szklanki granulowanego cukru
- 4 jajka
- 1 łyżeczka ekstraktu waniliowego
- 1 szklanka kwaśnej śmietany
- 1 szklanka orzechów laskowych, uprażonych i drobno posiekanych
- 1/2 szklanki kakao w proszku
- 1/4 szklanki mleka

GLAZURA:
- 1 szklanka cukru pudru
- 2 łyżki kakao w proszku
- 3-4 łyżki mleka
- Posiekane orzechy laskowe do dekoracji

INSTRUKCJE:
a) Rozgrzej piekarnik do 350°F (175°C). Nasmaruj tłuszczem i mąką formę do pieczenia.
b) Wymieszaj mąkę, proszek do pieczenia, sodę oczyszczoną i sól.
c) Masło i cukier utrzeć na jasną i puszystą masę. Dodawaj jajka, jedno po drugim, następnie wymieszaj z wanilią. Stopniowo dodawaj mieszankę mączną na zmianę ze śmietaną. Wymieszaj orzechy laskowe.
d) Podziel ciasto na pół. Zmieszaj kakao i mleko w jednej połówce. Nakładać łyżką oba ciasta na patelnię, lekko mieszając nożem.
e) Piec przez 55-65 minut lub do momentu, aż wykałaczka będzie sucha. Studzimy na blaszce przez 10 minut, następnie przekładamy na metalową kratkę do całkowitego wystygnięcia.
f) Aby przygotować lukier, wymieszaj cukier puder, kakao i mleko na gładką masę. Posmarować ostudzone ciasto i posypać posiekanymi orzechami laskowymi.

47. Ciasto kokosowe z orzechami nerkowca

SKŁADNIKI:
- 3 szklanki mąki uniwersalnej
- 1 łyżeczka proszku do pieczenia
- 1/2 łyżeczki sody oczyszczonej
- 1/4 łyżeczki soli
- 1 szklanka niesolonego masła, zmiękczonego
- 2 szklanki granulowanego cukru
- 4 jajka
- 1 łyżeczka ekstraktu waniliowego
- 1 szklanka mleka kokosowego
- 1 szklanka orzechów nerkowca, uprażonych i grubo posiekanych
- 1 szklanka wiórków kokosowych

GLAZURA:
- 1 szklanka cukru pudru
- 2-3 łyżki mleka kokosowego
- Prażone kawałki kokosa i nerkowców do dekoracji

INSTRUKCJE:

a) Rozgrzej piekarnik do 350°F (175°C). Nasmaruj tłuszczem i mąką formę do pieczenia.

b) Wymieszaj mąkę, proszek do pieczenia, sodę oczyszczoną i sól.

c) W dużej misce utrzyj masło z cukrem na puszystą masę. Wbijaj jajka, jedno po drugim, następnie dodaj wanilię. Na przemian dodawaj suche składniki i mleko kokosowe. Dodać posiekane orzechy nerkowca i wiórki kokosowe.

d) Wlać ciasto do przygotowanej formy. Piec przez 60-70 minut lub do momentu, aż włożona wykałaczka będzie sucha. Ostudzić na patelni, następnie odwrócić na metalową kratkę.

e) Na lukier wymieszaj cukier puder z mlekiem kokosowym na gładką masę. Posmaruj ciasto i udekoruj prażonymi kawałkami kokosa i nerkowców.

48. Ciasto orzechowo-miodowe z przyprawami

SKŁADNIKI:
- 3 szklanki mąki uniwersalnej
- 1 łyżeczka proszku do pieczenia
- 1/2 łyżeczki sody oczyszczonej
- 1/2 łyżeczki soli
- 1 łyżeczka mielonego cynamonu
- 1/2 łyżeczki mielonej gałki muszkatołowej
- 1/4 łyżeczki zmielonych goździków
- 1 szklanka niesolonego masła, temperatura pokojowa
- 1 szklanka granulowanego cukru
- 1 szklanka miodu
- 4 jajka
- 1 łyżeczka ekstraktu waniliowego
- 1 szklanka maślanki
- 1 szklanka orzechów włoskich, uprażonych i drobno posiekanych

GLAZURA:
- 1 szklanka cukru pudru
- 2-3 łyżki miodu
- 2 łyżki mleka
- Posiekane orzechy włoskie do dekoracji

INSTRUKCJE:
a) Rozgrzej piekarnik do 350°F (175°C). Nasmaruj tłuszczem i mąką formę do pieczenia.
b) Wymieszaj mąkę, proszek do pieczenia, sodę oczyszczoną, sól, cynamon, gałkę muszkatołową i goździki.
c) W dużej misce utrzyj masło, cukier i miód na jasną i puszystą masę. Wbijaj jajka, jedno po drugim, a następnie dodaj wanilię. Na zmianę dodawaj suche składniki i maślankę, zaczynając i kończąc na suchych składnikach. Włóż orzechy włoskie.
d) Wlać do brytfanny. Piec przez 60-70 minut lub do momentu, aż próbnik wyjdzie czysty. Ostudzić na patelni, następnie odwrócić na kratkę.
e) Aby przygotować lukier, utrzyj cukier puder, miód i mleko na gładką masę. Polej ostudzone ciasto i posyp posiekanymi orzechami włoskimi.

49.Ciasto Macadamia Mango Bundt

SKŁADNIKI:
- 3 szklanki mąki uniwersalnej
- 1 łyżeczka proszku do pieczenia
- 1/2 łyżeczki sody oczyszczonej
- 1/4 łyżeczki soli
- 1 szklanka niesolonego masła, temperatura pokojowa
- 2 szklanki granulowanego cukru
- 4 jajka
- 1 łyżeczka ekstraktu waniliowego
- 1 szklanka kwaśnej śmietany
- 1 szklanka orzechów makadamia, uprażonych i grubo posiekanych
- 1 szklanka świeżego mango, pokrojonego w kostkę

GLAZURA:
- 1 szklanka cukru pudru
- 2-3 łyżki soku z mango lub mleka
- Zmielone orzechy makadamia do dekoracji

INSTRUKCJE:

a) Rozgrzej piekarnik do 350°F (175°C). Nasmaruj tłuszczem i mąką formę do pieczenia.

b) Połącz mąkę, proszek do pieczenia, sodę oczyszczoną i sól.

c) W dużej misce utrzyj masło z cukrem na jasną i puszystą masę. Wbijaj jajka, jedno po drugim, a następnie wymieszaj z wanilią. Stopniowo dodawaj mieszankę mączną na zmianę ze śmietaną. Dodać orzechy makadamia i mango.

d) Wlać ciasto do przygotowanej formy. Piec przez 60-70 minut lub do momentu, gdy wykałaczka wbita w środek będzie czysta. Studzimy na blasze przez 10 minut, następnie przekładamy na metalową kratkę do całkowitego wystygnięcia.

e) Aby przygotować lukier, wymieszaj cukier puder z sokiem z mango lub mlekiem, aż masa będzie gładka. Posmaruj ostudzone ciasto i posyp pokruszonymi orzechami makadamia.

50. Ciasto kasztanowe z kawałkami czekolady

SKŁADNIKI:
- 3 szklanki mąki uniwersalnej
- 1 łyżeczka proszku do pieczenia
- 1/2 łyżeczki sody oczyszczonej
- 1/4 łyżeczki soli
- 1 szklanka niesolonego masła, zmiękczonego
- 2 szklanki granulowanego cukru
- 4 jajka
- 1 łyżeczka ekstraktu waniliowego
- 1 szklanka maślanki
- 1 szklanka puree z kasztanów
- 1 szklanka kawałków czekolady

GLAZURA:
- 1 szklanka cukru pudru
- 2 łyżki kakao w proszku
- 3-4 łyżki mleka
- Kawałki czekolady i posiekane kasztany do dekoracji

INSTRUKCJE:

a) Rozgrzej piekarnik do 350°F (175°C). Nasmaruj tłuszczem i mąką formę do pieczenia.

b) Wymieszaj mąkę, proszek do pieczenia, sodę oczyszczoną i sól.

c) Masło i cukier utrzeć na jasną i puszystą masę. Dodaj jajka, jedno po drugim, a następnie wanilię. Wymieszać z puree z kasztanów. Na zmianę dodawać suche składniki i maślankę, na koniec suche składniki. Włóż kawałki czekolady.

d) Wlać do przygotowanej patelni. Piec przez 55-65 minut lub do momentu, aż wykałaczka będzie sucha. Ostudzić na patelni, następnie odwrócić na kratkę.

e) Aby przygotować lukier, utrzyj cukier puder, kakao i mleko na gładką masę. Posmaruj ciasto i udekoruj kawałkami czekolady i kasztanami.

51. Ciasto migdałowo-morelowe

SKŁADNIKI:
- 3 szklanki mąki uniwersalnej
- 1 łyżeczka proszku do pieczenia
- 1/2 łyżeczki sody oczyszczonej
- 1/4 łyżeczki soli
- 1 szklanka niesolonego masła, temperatura pokojowa
- 2 szklanki granulowanego cukru
- 4 jajka
- 1 łyżeczka ekstraktu migdałowego
- 1 szklanka kwaśnej śmietany
- 1 szklanka migdałów, prażonych i drobno posiekanych
- 1 szklanka suszonych moreli, posiekanych

GLAZURA:
- 1 szklanka cukru pudru
- 2-3 łyżki soku morelowego lub mleka
- Migdały w plasterkach do dekoracji

INSTRUKCJE:
a) Rozgrzej piekarnik do 350°F (175°C). Nasmaruj tłuszczem i mąką formę do pieczenia.
b) Wymieszaj mąkę, proszek do pieczenia, sodę oczyszczoną i sól.
c) W dużej misce utrzyj masło z cukrem na puszystą masę. Dodaj jajka, jedno po drugim, a następnie ekstrakt migdałowy. Na zmianę dodawaj suche składniki i śmietanę, kończąc na suchych składnikach. Dodać migdały i morele.
d) Wlać ciasto do patelni. Piec przez 60-70 minut lub do momentu, aż włożona wykałaczka będzie sucha. Ostudzić na patelni, następnie odwrócić na metalową kratkę.
e) Na lukier wymieszaj cukier puder z sokiem morelowym lub mlekiem na gładką masę. Posmaruj ciasto i udekoruj płatkami migdałów.

CIASTA KAWOWE

52. Ciasto Cappuccino Bundt

SKŁADNIKI:
- ⅓ szklanki lekkiej oliwy z oliwek
- ½ szklanki kawałków czekolady
- ½ szklanki posiekanych orzechów (laskowych lub włoskich)
- 1 opakowanie mieszanki do ciasta żółtego
- 4 łyżki kawy rozpuszczalnej espresso
- 2 łyżeczki mielonego cynamonu
- 3 duże jajka
- 1 ¼ szklanki wody
- Cukier cukierniczy (do posypania)

INSTRUKCJE:
a) Przygotuj formę na 12 filiżanek Bundta, smarując ją oliwą z oliwek, a następnie lekko posypując mąką. Rozgrzej piekarnik do 162°C (325°F).
b) Wymieszaj kawałki czekolady i posiekane orzechy. Rozłóż tę mieszaninę równomiernie na dnie przygotowanej patelni Bundt.
c) W dużej misce wymieszaj kawę rozpuszczalną i mielony cynamon z mieszanką żółtego ciasta.
d) Do ciasta dodać ⅓ szklanki oliwy z oliwek, jajka i wodę. Mieszaj powoli mikserem elektrycznym, aż masa będzie zwilżona, a następnie ubijaj na średnich obrotach przez 2 minuty.
e) Ciasto wylać na posypkę czekoladową i orzechową na patelni.
f) Piec w nagrzanym piekarniku przez około 60 minut lub do momentu, aż wykałaczka wbita w ciasto będzie sucha.
g) Pozostaw ciasto do ostygnięcia na metalowej kratce przez 15 minut, następnie przełóż formę na talerz i pozostaw do całkowitego ostygnięcia.
h) Gdy ciasto wystygnie, posyp je cukrem pudrem.
i) Przed podaniem pokrój ciasto w plasterki i podawaj z lekko słodzonym serkiem ricotta.
j) Aby osłodzić ricottę, wymieszaj około 2 łyżeczek granulowanego cukru z 15 uncjami sera ricotta. Aby dodać smaku, posyp ciasto odrobiną cynamonu.
k) Ciesz się pysznym ciastem Cappuccino Bundt!

53.Ciasto Mocha Bundt z Mżawką Kawową

SKŁADNIKI:
NA CIASTO:
- Nieprzywierający spray do pieczenia, taki jak marki Bakery's Joy
- 2½ szklanki (300 gramów) mąki uniwersalnej
- 2 szklanki granulowanego cukru
- 1 łyżeczka sody oczyszczonej
- ½ łyżeczki soli kuchennej
- 2 paluszki (16 łyżek stołowych) niesolonego masła, pokrojonego na małe kawałki
- 1 ½ filiżanki świeżej, gorącej kawy
- ½ szklanki niesłodzonego kakao w proszku
- ¼ szklanki maślanki
- 2 duże jajka, lekko ubite
- 1 łyżeczka ekstraktu waniliowego

DO MŻKI KAWOWEJ:
- 2–3 łyżki mocnej kawy lub espresso, ostudzonej
- 1 szklanka cukru pudru
- Szczypta soli
- Loki czekoladowe, do dekoracji

INSTRUKCJE:
NA CIASTO:
a) Rozgrzej piekarnik do 350°F i ustaw stojak w środkowej pozycji. Spryskaj patelnię Bundt sprayem do pieczenia. Odłożyć na bok.
b) W dużej misce wymieszaj mąkę, cukier, sodę oczyszczoną i sól.
c) W średnim rondlu ustawionym na średnim ogniu połącz 2 kostki masła, kawę i kakao w proszku. Ciągle ubijaj, aż masa będzie gładka i bulgocze na brzegach, następnie zdejmij z ognia.
d) Wlać jeszcze gorącą mieszankę kakaową do suchych składników i za pomocą szpatułki wymieszać, aż składniki się połączą. Dodaj maślankę, jajka i wanilię i mieszaj, aż masa będzie gładka.
e) Wlać ciasto do przygotowanej formy Bundt i piec, aż ciasto zacznie odchodzić od boków, a włożony w środek tester ciasta wyjdzie czysty, 45 do 55 minut.
f) Wyjmij z piekarnika i pozostaw na blasze na kilka minut. Trzymając stojak do studzenia nad patelnią, obróć ciasto na ruszt i zdejmij patelnię z ciasta. Ustaw stojak nad obramowaną blachą do pieczenia, aby całkowicie ostygł.

DO MŻKI KAWOWEJ:
g) Gdy ciasto wystygnie, posypujemy kawą: do średniej miski wsyp 2 łyżki kawy, cukier puder i sól, a następnie mieszaj, aż masa będzie gładka.
h) Mżawka powinna być wystarczająco luźna, aby można ją było wylać, ale wystarczająco gęsta, aby przylegała. Dostosuj konsystencję, dodając w razie potrzeby więcej kawy lub cukru.
i) Polewą polej ciasto tak, aby ściekało po bokach, a nadmiar zebrał się na blasze do pieczenia.
j) Pozostaw lukier na 5 minut, a następnie udekoruj czekoladowymi lokami.
k) Przed podaniem poczekaj, aż lukier całkowicie stwardnieje.

54. ciasto kawowe z kwaśną śmietaną

SKŁADNIKI:
- 1 ¼ kostki masła w temperaturze pokojowej.
- 1 szklanka cukru
- 3 jajka
- 16 uncji kwaśnej śmietany
- 3 ½ szklanki mąki
- 2 łyżeczki proszku do pieczenia
- 1 łyżeczka sody oczyszczonej
- ½ łyżeczki soli (pomiń, jeśli używasz solonego masła)
- Cukier puder

POŻYWNY:
- ⅓ szklanki mocno upakowanego brązowego cukru
- 2 łyżeczki cynamonu
- 2 łyżeczki mąki
- 1 szklanka posiekanych orzechów pekan (najlepsze są prażone orzechy pekan!)

INSTRUKCJE:
a) Rozgrzej piekarnik do 350 stopni F.
b) Spryskaj 10-calową patelnię nieprzywierającym sprayem do pieczenia.
c) W średniej misce wymieszaj mąkę, proszek do pieczenia, sodę oczyszczoną i sól.
d) W małej misce wymieszaj brązowy cukier, cynamon, mąkę i orzechy pekan.
e) W misie miksera utrzyj masło z cukrem na puszystą masę.
f) Dodawaj jajka, jedno po drugim, dobrze mieszając pomiędzy dodaniami.
g) Dodawać na zmianę mieszankę mączną i śmietanę, zaczynając i kończąc na mieszance mącznej. Dobrze zeskrob boki.
h) Połowę ciasta wyłóż na blachę do pieczenia. Posyp ciasto mieszanką brązowego cukru. Na wierzch posypać pozostałym ciastem.
i) Piec przez 50 – 60 minut, aż wykałaczka wbita w środek będzie czysta.
j) Studzimy na patelni przez 5 minut.
k) Wyłożyć na kratkę do studzenia i posypać cukrem pudrem.

55. Ciasto Espresso Bundt z Ganache

SKŁADNIKI:
NA CIASTO:
- 1 szklanka granulowanego cukru
- 1 szklanka zapakowanego ciemnobrązowego cukru
- 3 ½ szklanki mąki uniwersalnej
- 3 łyżeczki proszku do pieczenia
- 1 łyżeczka sody oczyszczonej
- 1 łyżeczka soli
- ½ szklanki (1 kostka) niesolonego masła w temperaturze pokojowej
- 4 jajka
- ⅔ szklanki pełnotłustej śmietany
- ½ szklanki oleju roślinnego
- 1 łyżka ekstraktu waniliowego
- 2-3 łyżki proszku espresso
- 1⅓ filiżanki ciemno palonej kawy lub espresso w temperaturze pokojowej

DLA GANACHE:
- 1 szklanka kawałków ciemnej czekolady
- ½-¾ szklanki gęstej śmietanki

INSTRUKCJE:
a) Rozgrzej piekarnik do 350°F. Masło i mąkę rozsmaruj na patelni lub użyj sprayu do pieczenia z mąką. Odłożyć na bok.
b) W misie miksera stacjonarnego wymieszaj biały i brązowy cukier, mąkę, proszek do pieczenia, sodę oczyszczoną i sól.
c) Dodaj masło i mieszaj, aż uzyskasz piaszczystą konsystencję.
d) W średniej misce wymieszaj olej, śmietanę, jajka, wanilię i proszek espresso.
e) Gdy mikser pracuje na niskich obrotach, powoli wlewaj mieszaninę do suchych składników. Na koniec dodaj kawę o temperaturze pokojowej.
f) Do przygotowanej formy wlać ciasto i piec przez 60-65 minut, aż po wbitej w środek wykałaczce będzie widać kilka okruszków.
g) Pozostawiamy do lekkiego ostygnięcia na patelni, a następnie wykładamy na półmisek lub tortownicę, aby dokończyć studzenie.
h) Gdy wszystko będzie gotowe do podania, przygotuj ganache. Połącz kawałki czekolady i gęstą śmietankę w misce lub filiżance nadającej się do kuchenki mikrofalowej. Podgrzewaj w kuchence mikrofalowej co 20 sekund, mieszając w międzyczasie, aż masa będzie gładka i kremowa. Dostosuj ilość kremu według potrzeb, aby uzyskać pożądaną konsystencję.
i) Posmaruj ciasto czekoladowym ganache i podawaj! Rozkoszuj się ciastem espresso Bundt z ganache z ciemnej czekolady.

56. Ciasto Marmurowe Mokka

SKŁADNIKI:
MIESZANKA PODSTAWOWA DO CIASTA:
- 250 g masła niesolonego, temperatura pokojowa
- 500 g złotego cukru pudru
- 8 dużych jaj

MIESZANKA BIAŁEJ CZEKOLADY:
- 225 g mąki samorosnącej
- 100 g białej czekolady, roztopionej i ostudzonej
- 100 g kwaśnej śmietany
- 2 łyżki rozpuszczalnego espresso w proszku zmieszane z 1 łyżką wrzącej wody

MIESZANKA CIEMNEJ CZEKOLADY:
- 100 g gorzkiej czekolady, roztopionej i ostudzonej
- 200 g mąki samorosnącej
- 25 g proszku kakaowego
- 120 g kwaśnej śmietany

INSTRUKCJE:

a) Użyj oleju w sprayu, aby lekko nasmarować miskę o pojemności 10-15 filiżanek, upewniając się, że cała powierzchnia, szczególnie środkowa kolumna, jest pokryta. Rozgrzej piekarnik do 180°C (z termoobiegiem 160°C).

b) W dużej misce utrzyj masło z cukrem za pomocą miksera elektrycznego, aż masa będzie jasna i puszysta (około 5 minut). Mieszanka powinna mieć prawie biały kolor i lekką konsystencję.

c) Dodawaj po jednym jajku, ubijając aż do całkowitego połączenia przed dodaniem kolejnego.

d) Podzielić ciasto równo pomiędzy dwie miski.

NA MIESZANKĘ BIAŁEJ CZEKOLADY:

e) Wymieszaj białą czekoladę, kwaśną śmietanę i mieszankę espresso.

f) Do ciasta dodać mąkę i wymieszać do połączenia. Dodać mieszankę białej czekolady.

NA MIESZANKĘ CIEMNEJ CZEKOLADY:

g) Kakao wymieszaj z kilkoma łyżkami kwaśnej śmietany na gładką masę. Wymieszaj pozostałą śmietanę i roztopioną czekoladę. Do ciasta dodać mąkę i wymieszać.

h) Nakładaj naprzemiennie łyżki obu ciast na przygotowaną patelnię.

i) Delikatnie wymieszaj ciasta nożem do masła.

j) Piec w nagrzanym piekarniku przez około 50-60 minut lub do momentu, aż wbity w ciasto patyczek będzie suchy.

k) Studzimy na metalowej kratce przez 10 minut, po czym odwracamy ciasto i wyjmujemy je z formy. Przed podaniem pozwól mu całkowicie ostygnąć.

l) Przechowywane pod przykryciem ciasto zachowa świeżość przez 3-4 dni. Cieszyć się!

57.Irlandzkie ciasto kawowe

SKŁADNIKI:
- 3 szklanki mąki uniwersalnej
- 1 łyżeczka proszku do pieczenia
- 1/2 łyżeczki sody oczyszczonej
- 1/4 łyżeczki soli
- 1 szklanka niesolonego masła, zmiękczonego
- 2 szklanki granulowanego cukru
- 4 jajka
- 2 łyżeczki ekstraktu waniliowego
- 1 filiżanka mocnej, parzonej kawy, ostudzonej
- 1/4 szklanki irlandzkiej whisky
- 1 łyżka granulatu kawy rozpuszczalnej

GLAZURA:
- 1 szklanka cukru pudru
- 2 łyżki irlandzkiej whisky
- 1 łyżka parzonej kawy

INSTRUKCJE:

a) Rozgrzej piekarnik do 350°F (175°C). Nasmaruj tłuszczem i mąką formę do pieczenia.

b) Wymieszaj mąkę, proszek do pieczenia, sodę oczyszczoną i sól.

c) Masło i cukier utrzeć na puszystą masę. Wbijaj jajka, jedno po drugim, a następnie dodaj wanilię. W zaparzonej kawie rozpuścić kawę rozpuszczalną. Do ciasta na zmianę dodawaj suche składniki i mieszankę kawową, zaczynając i kończąc na suchych składnikach. Wymieszaj whisky.

d) Wlać do przygotowanej patelni. Piec przez 60-70 minut lub do momentu, aż włożona wykałaczka będzie sucha. Ostudzić na patelni, następnie odwrócić na metalową kratkę.

e) Aby przygotować lukier, wymieszaj cukier puder, whisky i kawę na gładką masę. Polej ostudzone ciasto.

58. Ciasto Waniliowe Mleko Bundt

SKŁADNIKI:
- 3 szklanki mąki uniwersalnej
- 1 łyżeczka proszku do pieczenia
- 1/2 łyżeczki sody oczyszczonej
- 1/4 łyżeczki soli
- 1 szklanka niesolonego masła, temperatura pokojowa
- 2 szklanki granulowanego cukru
- 4 jajka
- 2 łyżeczki ekstraktu waniliowego
- 1 szklanka kwaśnej śmietany
- 1/2 szklanki mocnej, parzonej kawy, ostudzonej
- 2 łyżki rozpuszczalnego espresso w proszku

GLAZURA:
- 1 szklanka cukru pudru
- 2-3 łyżki mleka
- 1 łyżeczka ekstraktu waniliowego

INSTRUKCJE:

a) Rozgrzej piekarnik do 350°F (175°C). Nasmaruj tłuszczem i mąką formę do pieczenia.

b) Wymieszaj mąkę, proszek do pieczenia, sodę oczyszczoną i sól.

c) Masło i cukier utrzeć na jasną i puszystą masę. Dodawaj jajka, jedno po drugim, następnie wymieszaj z wanilią. Rozpuść espresso w proszku w zaparzonej kawie. Do ciasta na zmianę dodawaj suche składniki i mieszankę kawową, zaczynając i kończąc na suchych składnikach. Wymieszać ze śmietaną.

d) Piec w przygotowanej formie przez 55-65 minut. Ostudzić, a następnie odwrócić na kratkę.

e) Na lukier wymieszaj cukier puder, mleko i wanilię. Polać ciasto.

59.Ciasto czekoladowe z ziarenkami espresso

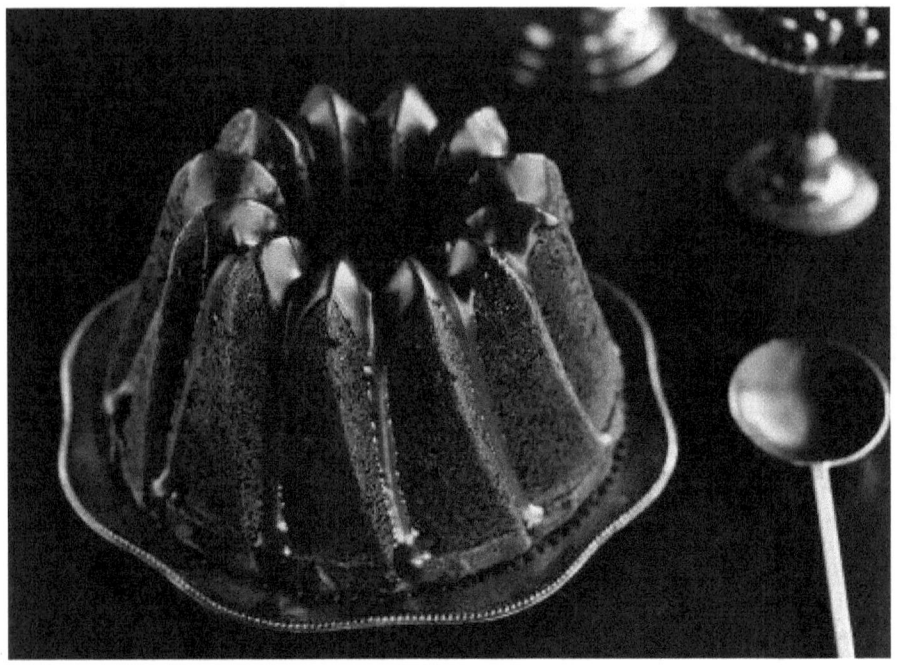

SKŁADNIKI:
- 2 1/2 szklanki mąki uniwersalnej
- 1/2 szklanki niesłodzonego kakao w proszku
- 1 łyżeczka sody oczyszczonej
- 1/4 łyżeczki soli
- 1 szklanka niesolonego masła, zmiękczonego
- 2 szklanki granulowanego cukru
- 4 jajka
- 1 łyżeczka ekstraktu waniliowego
- 1 szklanka maślanki
- 1/2 szklanki mocnego, zaparzonego espresso, ostudzonego
- 1 szklanka ziaren espresso w czekoladzie, grubo posiekanych

GLAZURA:
- 1 szklanka cukru pudru
- 2 łyżki espresso, ostudzone
- Ziarna espresso w czekoladzie do dekoracji

INSTRUKCJE:
a) Rozgrzej piekarnik do 350°F (175°C). Nasmaruj tłuszczem i mąką formę do pieczenia.
b) Wymieszaj mąkę, kakao, sodę oczyszczoną i sól.
c) Masło i cukier utrzeć na puszystą masę. Wbijaj jajka, jedno po drugim, następnie dodaj wanilię. Do ciasta na zmianę dodawaj suche składniki i maślankę, zaczynając i kończąc na suchych składnikach. Wmieszać espresso. Dodać posiekane ziarna espresso.
d) Wlać do przygotowanej patelni. Piec 60-70 minut. Ostudzić, a następnie odwrócić na kratkę.
e) Na glazurę wymieszaj cukier puder i espresso. Polać ciasto i udekorować ziarnami espresso.

60. Ciasto cynamonowo-kawowe typu Bundt

SKŁADNIKI:
- 3 szklanki mąki uniwersalnej
- 1 łyżka proszku do pieczenia
- 1/2 łyżeczki soli
- 1 szklanka niesolonego masła, temperatura pokojowa
- 2 szklanki granulowanego cukru
- 4 jajka
- 1 łyżeczka ekstraktu waniliowego
- 1 szklanka kwaśnej śmietany
- 1/2 szklanki mocnej, parzonej kawy, ostudzonej

STREUSEL:
- 1 szklanka brązowego cukru
- 2 łyżeczki mielonego cynamonu
- 1 szklanka posiekanych orzechów włoskich

GLAZURA:
- 1 szklanka cukru pudru
- 2 łyżki mleka
- 1/2 łyżeczki cynamonu

INSTRUKCJE:
a) Rozgrzej piekarnik do 350°F (175°C). Nasmaruj tłuszczem i mąką formę do pieczenia.
b) Wymieszaj mąkę, proszek do pieczenia i sól.
c) Masło i cukier utrzeć na puszystą masę. Dodaj jajka, jedno po drugim, a następnie wanilię. Do ciasta na zmianę dodawaj suche składniki i śmietanę, zaczynając i kończąc na suchych składnikach. Wmieszać kawę.
d) Wymieszaj składniki kruszonki. Na patelnię wlać połowę ciasta, posypać połową kruszonki i powtórzyć warstwy.
e) Piec 65-75 minut. Ostudzić, a następnie odwrócić na kratkę.
f) Na lukier ubić cukier puder, mleko i cynamon. Polej ostudzone ciasto.

61.Ciasto kawowe z orzechami laskowymi

SKŁADNIKI:
- 2 filiżanki mąki uniwersalnej
- 1 szklanka granulowanego cukru
- 1/2 szklanki brązowego cukru
- 1/2 szklanki niesolonego masła, zmiękczonego
- 1/2 filiżanki kawy parzonej, ostudzonej
- 1/2 szklanki maślanki
- 2 jajka
- 1 łyżeczka ekstraktu waniliowego
- 1 łyżeczka proszku do pieczenia
- 1/2 łyżeczki sody oczyszczonej
- 1/2 łyżeczki soli
- 1/2 szklanki posiekanych orzechów laskowych

DO SZKLIWIENIA:
- 1 szklanka cukru pudru
- 2-3 łyżki zaparzonej kawy, ostudzonej
- 1/4 szklanki posiekanych orzechów laskowych (do dekoracji)

INSTRUKCJE:

a) Rozgrzej piekarnik do 175°C (350°F). Nasmaruj tłuszczem i mąką formę do pieczenia.
b) W dużej misce utrzyj masło, cukier granulowany i brązowy cukier na jasną i puszystą masę.
c) Wbijaj jajka, jedno po drugim, a następnie dodaj ekstrakt waniliowy.
d) W osobnej misce wymieszaj mąkę, proszek do pieczenia, sodę oczyszczoną i sól.
e) Stopniowo dodawaj suche składniki do mokrych, na zmianę z maślanką i zaparzoną kawą. Mieszaj aż do połączenia.
f) Dodać posiekane orzechy laskowe.
g) Ciasto wlać do przygotowanej formy i wygładzić wierzch szpatułką.
h) Piec przez 40-45 minut lub do momentu, gdy wykałaczka wbita w środek będzie czysta.
i) Pozostaw ciasto do ostygnięcia na blasze na 10 minut, a następnie przełóż je na metalową kratkę, aby całkowicie ostygło.
j) Aby przygotować lukier, wymieszaj cukier puder z zaparzoną kawą na gładką masę. Powstałą glazurą polej ostudzone ciasto i posyp posiekanymi orzechami laskowymi.
k) Przed pokrojeniem i podaniem odczekaj, aż glazura stwardnieje.

62. Ciasto Tiramisu Bundt

SKŁADNIKI:
- 2 filiżanki mąki uniwersalnej
- 1 szklanka granulowanego cukru
- 1/2 szklanki niesolonego masła, zmiękczonego
- 1/2 filiżanki kawy parzonej, ostudzonej
- 1/2 szklanki mleka
- 2 jajka
- 1 łyżeczka ekstraktu waniliowego
- 1 łyżeczka proszku do pieczenia
- 1/2 łyżeczki sody oczyszczonej
- 1/4 łyżeczki soli
- 1/4 szklanki kakao w proszku
- 1/4 szklanki rumu (opcjonalnie)
- 1/4 szklanki cukru pudru (do posypania)

NA NADZIENIE MASKARPONE:
- 8 uncji sera mascarpone, zmiękczonego
- 1/2 szklanki cukru pudru
- 1 łyżeczka ekstraktu waniliowego
- 1/2 szklanki gęstej śmietanki

INSTRUKCJE:

a) Rozgrzej piekarnik do 175°C (350°F). Nasmaruj tłuszczem i mąką formę do pieczenia.
b) W dużej misce utrzyj masło z cukrem pudrem na jasną i puszystą masę.
c) Wbijaj jajka, jedno po drugim, a następnie dodaj ekstrakt waniliowy.
d) W osobnej misce wymieszaj mąkę, proszek do pieczenia, sodę oczyszczoną, sól i kakao.
e) Stopniowo dodawaj suche składniki do mokrych, na zmianę z zaparzoną kawą i mlekiem. Mieszaj aż do połączenia.
f) Połowę ciasta wlać do przygotowanej formy.
g) W drugiej misce ubić serek mascarpone, cukier puder i ekstrakt waniliowy na gładką masę.
h) W osobnej misce ubijaj gęstą śmietanę, aż powstanie sztywna piana. Delikatnie wymieszaj ubitą śmietanę z mascarpone.
i) Na cieście na patelni rozsmaruj nadzienie mascarpone.
j) Na nadzienie wylewamy resztę ciasta, wygładzając wierzch szpatułką.
k) Piec przez 45-50 minut lub do momentu, gdy wykałaczka wbita w środek będzie czysta.
l) Pozostaw ciasto do ostygnięcia na blasze na 10 minut, a następnie przełóż je na metalową kratkę, aby całkowicie ostygło.
m) Jeśli używasz rumu, przebij ciasto patykiem i skrop rumem z wierzchu.
n) Przed podaniem posyp schłodzone ciasto cukrem pudrem.

63. Ciasto kawowo-orzechowe

SKŁADNIKI:
- 2 filiżanki mąki uniwersalnej
- 1 szklanka granulowanego cukru
- 1/2 szklanki brązowego cukru
- 1/2 szklanki niesolonego masła, zmiękczonego
- 1/2 filiżanki kawy parzonej, ostudzonej
- 1/2 szklanki maślanki
- 2 jajka
- 1 łyżeczka ekstraktu waniliowego
- 1 łyżeczka proszku do pieczenia
- 1/2 łyżeczki sody oczyszczonej
- 1/2 łyżeczki soli
- 1 szklanka posiekanych orzechów włoskich

DO SZKLIWIENIA:
- 1 szklanka cukru pudru
- 2-3 łyżki zaparzonej kawy, ostudzonej

INSTRUKCJE:
a) Rozgrzej piekarnik do 175°C (350°F). Nasmaruj tłuszczem i mąką formę do pieczenia.
b) W dużej misce utrzyj masło, cukier granulowany i brązowy cukier na jasną i puszystą masę.
c) Wbijaj jajka, jedno po drugim, a następnie dodaj ekstrakt waniliowy.
d) W osobnej misce wymieszaj mąkę, proszek do pieczenia, sodę oczyszczoną i sól.
e) Stopniowo dodawaj suche składniki do mokrych, na zmianę z maślanką i zaparzoną kawą. Mieszaj aż do połączenia.
f) Dołóż posiekane orzechy włoskie.
g) Ciasto wlać do przygotowanej formy i wygładzić wierzch szpatułką.
h) Piec przez 40-45 minut lub do momentu, gdy wykałaczka wbita w środek będzie czysta.
i) Pozostaw ciasto do ostygnięcia na blasze na 10 minut, a następnie przełóż je na metalową kratkę, aby całkowicie ostygło.
j) Aby przygotować lukier, wymieszaj cukier puder z zaparzoną kawą na gładką masę. Powstałą glazurą polej schłodzone ciasto.
k) Przed pokrojeniem i podaniem odczekaj, aż glazura stwardnieje.

TORTY CZEKOLADOWE

64.Ciasto Czekoladowe

SKŁADNIKI:
- 1 ½ szklanki (150 g) mączki migdałowej
- ½ szklanki (75 g) Natvii
- ⅓ szklanki (30 g) niesłodzonego kakao w proszku
- 1 łyżeczka (5g) proszku do pieczenia
- ⅓ szklanki (85 g) niesłodzonego mleka migdałowego
- 2 duże jajka (po 51 g każde)
- 1 łyżeczka (5g) ekstraktu waniliowego

INSTRUKCJE:
a) Rozgrzej frytownicę do 180°C przez 3 minuty.
b) W dużej misce wymieszaj wszystkie składniki, aż dobrze się połączą.
c) Spryskaj puszkę mini Bundt olejem. Uwaga: Formy do ciasta Bundt są dostępne w różnych rozmiarach, a potrzebny rozmiar będzie zależał od wielkości frytownicy. Lekki spryskanie olejem lub pędzelek z roztopionym masłem zapobiegnie sklejaniu się .
d) Wlać ciasto do formy.
e) Umieścić w koszyku frytkownicy i piec w temperaturze 160°C przez 10 minut.
f) Ostudzić przez 5 minut przed wyjęciem.

65.Ciasto kakaowe Hershey's

SKŁADNIKI:

- ½ szklanki Plus 1 łyżka niesolonego masła, podzielona
- 1 szklanka plus 1 łyżka kakao Hershey's, podzielona
- 1 ¾ szklanki mąki uniwersalnej
- 2 szklanki cukru
- 2 łyżeczki sody oczyszczonej
- 1 łyżeczka soli
- 3 Duże jajka
- 1 szklanka maślanki
- 1 filiżanka mocnej kawy
- 1 łyżeczka wanilii

INSTRUKCJE:

a) Rozgrzej piekarnik do 350F. Umieścić ruszt piekarnika na środku piekarnika. Posmaruj lekko 12-filiżankową patelnię Bundt z powłoką nieprzywierającą 1 łyżką masła i obficie posyp ją 1 łyżką kakao, strzepując nadmiar.

b) Suche składniki przesiać do dużej miski do miksowania. Rozpuść i ostudź 1 kostkę masła. Połącz go z pozostałymi mokrymi składnikami i mieszaj z suchymi składnikami na średnich obrotach przez 2 minuty.

c) Wlać ciasto do patelni.

d) Piec przez 45-55 minut lub do momentu, aż ciasto zacznie odchodzić od brzegów formy, a wierzch lekko odskoczy od dotyku.

66. Ciasto czekoladowo-piernikowe

SKŁADNIKI:
- 540 g mąki zwykłej
- ½ szklanki kakao Bourneville
- ½ łyżeczki sody oczyszczonej
- 1 ½ łyżki ziela angielskiego
- 4 jajka
- 240 g ciemnego brązowego cukru
- 200 ml złotego syropu
- 250 g masła
- 200ml gęstej śmietanki
- 300ml mleka
- Glazura serowa
- 240 g cukru pudru
- 250 g serka śmietankowego Philadelphia
- ½ szklanki soku z cytryny
- Złoty listek do dekoracji (opcjonalnie)

INSTRUKCJE:
a) Rozgrzej piekarnik do 175°C z termoobiegiem.
b) Nasmaruj tłuszczem formę na 12 filiżanek Bundta. Odłożyć na bok.
c) W misce wymieszaj mąkę, kakao BOURNEVILLE, sodę oczyszczoną, sól i przyprawy. Odłożyć na bok.
d) Jajka i cukier ubijaj w mikserze przez 3 minuty, aż masa będzie puszysta. Dodaj złoty syrop i ubijaj, aż masa będzie gładka.
e) W rondelku rozpuścić masło, wymieszać ze śmietaną i mlekiem.
f) Do masy jajecznej dodawaj na zmianę suche składniki i mieszaninę masła i mieszaj, aż masa będzie gładka.
g) Wlać ciasto do przygotowanej formy. Piec na najniższej półce piekarnika przez 1 godzinę, aż włożony patyczek będzie czysty.
h) Wyjmij z piekarnika i pozostaw do ostygnięcia na blasze przez 15 minut, a następnie wyjmij z formy na kratkę do całkowitego wystygnięcia. W razie potrzeby przytnij podstawę, aby była płaska.
i) Aby przygotować glazurę, w misce połącz cukier i serek PHILADELFIA i ubijaj, aż masa będzie gładka i kremowa. Mieszaj sok z cytryny, aż uzyskasz pożądaną konsystencję.
j) Powstałą polewą polej schłodzone ciasto.
k) Udekoruj złotymi listkami.

67. Ciasto Bundt z Nutellą

SKŁADNIKI:
NA CIASTO:
- 3 szklanki mąki uniwersalnej
- 2 ½ łyżeczki proszku do pieczenia
- 1 łyżeczka soli koszernej
- 2 szklanki granulowanego cukru
- 1 szklanka oliwy z oliwek
- ¾ szklanki pełnotłustego jogurtu naturalnego
- ½ szklanki serka mascarpone
- 4 duże jajka
- 1 łyżka ekstraktu waniliowego
- 1 szklanka pełnego mleka
- 1 łyżka kakao w proszku, przesianego
- ¼ szklanki Nutelli

NA NUTELLA GANACHE:
- 1 szklanka Nutelli
- 1 szklanka gęstej śmietanki
- ⅓ szklanki niesolonego masła
- 1 łyżeczka soli koszernej
- 2 łyżki jasnego syropu kukurydzianego

INSTRUKCJE:
DO ZROBIENIA CIASTA:
a) Rozgrzej piekarnik do 350 stopni F. Formę do ciasta typu bułka lub rurkę posmaruj masłem lub sprayem kuchennym zapobiegającym przywieraniu. Lekko oprósz mąką, strzepując jej nadmiar.
b) W średniej misce wymieszaj mąkę, proszek do pieczenia i sól. Odłożyć na bok.
c) W dużej misce wymieszaj cukier, oliwę z oliwek, jogurt i serek mascarpone za pomocą ręcznego miksera. Ubijaj jajka, jedno po drugim, aż do całkowitego połączenia, następnie dodaj wanilię i mleko.
d) Przy niskiej prędkości wymieszaj mieszaninę mąki z mokrymi składnikami, aż się połączą. Wyjmij około 2 szklanek ciasta do pustej miski z mąką i wymieszaj z kakao i Nutellą. Mieszaj, aż powstanie ciasto czekoladowe.
e) Do przygotowanej formy wlać ciasto waniliowe. Stuknij, aby wyrównać ciasto. Za pomocą chochli lub łyżki do lodów nałóż ciasto czekoladowe na ciasto waniliowe.
f) Używając noża lub szpikulca, wymieszaj ciasta tak, aby utworzyły się kulki, ale nie mieszaj ich zbyt mocno.
g) Piec przez 50 minut lub do momentu, gdy wykałaczka wbita w środek będzie czysta. Pozostawić do ostygnięcia na godzinę przed wyjęciem z patelni.

ABY PRZYGOTOWAĆ GANACHE:
h) Umieść Nutellę w średniej misce. Podgrzej śmietankę, masło, sól i syrop kukurydziany w rondlu, aż prawie się zagotuje.
i) Gorącą śmietanową mieszaninę zalać Nutellą i wymieszać na gładką masę. Pozostawić na 15 do 20 minut, aby zgęstniało. Wylać ganache na ciepłe ciasto i odstawić przed podaniem. Ciesz się ciastem Nutella Bundt!

68. Ciasto czekoladowe Bundt

SKŁADNIKI:
NA CIASTO Z CHIPAMI CZEKOLADOWYMI:
- 3 szklanki (360 g) mąki uniwersalnej
- 2 łyżeczki proszku do pieczenia
- ½ łyżeczki soli
- ½ łyżeczki mielonego cynamonu
- ¼ łyżeczki mielonej gałki muszkatołowej
- 1 szklanka (227 g) niesolonego masła o temperaturze pokojowej
- 1 8-uncjowy serek śmietankowy (227 g) w temperaturze pokojowej
- 2 szklanki (398 g) granulowanego cukru
- 1 łyżka (14ml) ekstraktu waniliowego
- ½ łyżeczki ekstraktu migdałowego (opcjonalnie)
- 5 dużych jaj w temperaturze pokojowej
- ⅓ szklanki (76 g) kwaśnej śmietany o temperaturze pokojowej
- ⅓ szklanki (76 ml) neutralnego oleju (np. rzepakowego, roślinnego lub upłynnionego rafinowanego oleju kokosowego)
- 1 i ½ szklanki (8 uncji) mini kawałków czekolady

NA LAKIERĘ CZEKOLADOWĄ :
- 4 uncje (113 g) słodko-gorzkiej czekolady, drobno posiekanej
- ½ szklanki (113 ml) gęstej śmietanki
- 1 i ½ łyżeczki syropu kukurydzianego (opcjonalnie)

INSTRUKCJE:
NA CIASTO Z CHIPAMI CZEKOLADOWYMI:
a) Rozgrzej piekarnik do 325°F.
b) W średniej misce wymieszaj mąkę, proszek do pieczenia, sól, cynamon i gałkę muszkatołową, aż dobrze się połączą. Odłożyć na bok.
c) W misie miksera stojącego wyposażonego w przystawkę do łopatek lub w dużej misce za pomocą ręcznego miksera elektrycznego ubijaj masło i serek śmietankowy na średniej prędkości, aż masa będzie gładka i kremowa, przez około 1 minutę.
d) Stopniowo dodawaj cukier, następnie zwiększ prędkość do średnio-wysokiej i kontynuuj ubijanie, aż masa będzie jasna i puszysta, około 3 minuty. Ubij ekstrakty z wanilii i migdałów.

e) Zmniejsz prędkość do średnio-niskiej, następnie dodawaj jajka, jedno po drugim, dobrze ubijając po każdym dodaniu i w razie potrzeby zdrapując boki miski. Ubij śmietanę i olej.
f) Zmniejsz prędkość do niskiej i dodaj mieszaninę mąki, mieszając tylko do połączenia. Na koniec dodaj mini kawałki czekolady.
g) Nasmaruj obficie tłuszczem 10-calową (12 filiżanek) patelnię, upewniając się, że pokryła wszystkie zakamarki i zakamarki. Zaleca się stosowanie nieprzywierającego sprayu do pieczenia z mąką. Ciasto wlać do przygotowanej formy.
h) Piec przez 55 do 60 minut lub do momentu, aż ciasto będzie złotobrązowe, a wykałaczka wbita w środek będzie czysta.
i) Pozostaw ciasto do ostygnięcia na blaszce na metalowej kratce przez 10 do 15 minut. Odwróć ciasto na kratkę i całkowicie ostudź, około 2 do 2 i ½ godziny.

NA LAKIERĘ CZEKOLADOWĄ :

j) Czekoladę drobno posiekaj i umieść w małej żaroodpornej misce. Odłożyć na bok.
k) Podgrzej śmietankę na średnim ogniu, aż się zagotuje. Zdjąć z ognia i gorącą śmietanką zalać posiekaną czekoladę. Pozostaw na 1 minutę, a następnie ubijaj, aż masa będzie gładka. Wymieszaj syrop kukurydziany (jeśli używasz).
l) Powoli nakładaj glazurę na ciasto, pozwalając jej spłynąć po bokach.
m) Przed pokrojeniem i podaniem odczekaj co najmniej 20 minut, aż glazura zastygnie!

69. Ciasto Oreo Bundt Z Polewą Waniliową

SKŁADNIKI:
CIASTO:
- 340 gramów niesolonego masła (1½ szklanki, 65°F, miękkie)
- 337 gramów cukru
- 75 gramów ciemnego brązowego cukru
- 3 duże jajka (temperatura pokojowa)
- 1 łyżeczka pasty waniliowej (lub ekstraktu waniliowego)
- 279 gramów mąki uniwersalnej
- 1 łyżeczka proszku do pieczenia
- ¾ łyżeczki diamentowej soli koszernej
- 187 gramów pełnego mleka
- 40 gramów czarnego kakao w proszku
- 20 gramów niesłodzonego proszku kakaowego
- 75 gramów pełnotłustej śmietany
- 8 ciasteczek Oreo

DODATKI:
- 130 g cukru pudru (przesianego)
- 1 łyżka niesolonego masła (roztopionego)
- 4-6 łyżek pełnego mleka
- 1 łyżeczka pasty waniliowej (lub ekstraktu waniliowego)
- 4 ciasteczka Oreo (posiekane)

INSTRUKCJE:
a) Doprowadź masło i jajka do temperatury pokojowej. Masło powinno być chłodne, ale miękkie w dotyku, nie roztopione ani tłuste.
b) Odmierz oba cukry do jednego pojemnika. W innym naczyniu wymieszaj mąkę, proszek do pieczenia i sól. Odłożyć na bok.
c) Przesiej kakao w proszku. Nasmaruj formę na 10 filiżanek sprayem nieprzywierającym. Odłożyć na bok.
d) Rozgrzej piekarnik do 350°F.

BLOOM KAKAO W PROSZKU:
e) Zaparzaj mleko w małym garnku na małym ogniu na kuchence, często mieszając garnkiem, aż na krawędziach utworzą się małe bąbelki. Celuj w temperaturę 170°-180°F.
f) Zdjąć z ognia i dodać przesiane kakao. Dobrze wymieszaj, aż nie pozostaną grudki, następnie dodaj śmietanę i mieszaj, aż masa będzie gładka i połączona. Odłożyć na bok.

MASŁO KREMOWE I CUKIER:
g) Masło pokroić na duże kawałki i umieścić w misie miksera. Ubijaj na średniej prędkości, aby zmięknąć, około 1 minuty.
h) Zdrap ze ścianek miski i dodaj oba cukry. Ubijaj na średnio-niskiej prędkości, aż w misce nie będzie już luźnego cukru, następnie zwiększ prędkość do średniej i kontynuuj ubijanie przez 3-7 minut.
i) Prawidłowo ubite masło i cukier będą jasnobrązowe i będą miały puszystą, przewiewną konsystencję przypominającą pastę. Zdrap boki miski.
j) Pojedynczo wbij jajko do małej miski, a następnie dodaj je do miski miksera. Ubijaj na średniej prędkości przez co najmniej 60 sekund, zeskrobując miskę przed dodaniem kolejnego jajka.
k) Zdrap misę i ponownie ubijaj na końcu.
l) Mikser pracujący na najniższych możliwych obrotach dodawaj na zmianę jedną trzecią suchych składników z połową mokrych składników, zaczynając i kończąc na suchych składnikach.
m) Zatrzymaj mikser i zeskrob misę i ubijaczkę pomiędzy każdym dodaniem.

n) Zatrzymaj mikser, gdy ciasto będzie już w większości połączone i widoczne będą jedynie nieliczne smugi mąki. Za pomocą szpatułki wymieszaj ostatnie kawałki suchych składników.

GROMADZIĆ SIĘ:
o) Łyżką wyłóż około połowy ciasta do natłuszczonej formy do pieczenia ciasta.
p) Użyj małej szpatułki, aby wygładzić ciasto, wciskając je we wszystkie zakamarki i zakamarki patelni.
q) Ułóż warstwę całych ciasteczek Oreo wokół środka patelni, tak blisko siebie, jak to tylko możliwe.
r) Na wierzch wyłóż resztę ciasta i wygładź je we wszystkich rogach i zagięciach formy.
s) Uderz patelnią o blat kilka razy, aby pozbyć się nadmiaru pęcherzyków powietrza.

UPIEC:
t) Umieść formę do pieczenia na środku piekarnika nagrzanego na 350°F na 60–65 minut, aż włożona do środka wykałaczka lub tester do ciasta wyjdzie z kilkoma okruchami przylegającymi do niej.
u) Wyjmij patelnię na stojak do studzenia. Pozostawić do ostygnięcia na 15-20 minut, następnie odwrócić ciasto na kratkę do studzenia, aby dokończyć studzenie. Przed dodaniem lukru należy całkowicie ostudzić.

lukier i polewa:
v) Do średniej miski przesiej cukier puder.
w) Dodaj roztopione masło, pastę waniliową i mniejszą ilość pełnego mleka. Mieszaj do połączenia.
x) Powoli dodawaj dodatkowe mleko, po 1 łyżeczkę lub ½ łyżeczki na raz, tylko w razie potrzeby, aż uzyskasz gęsty, ale płynny lukier.
y) Wyciśnij lub posmaruj lukrem wierzch ciasta.
z) Na mokry lukier połóż posiekane ciasteczka Oreo, a następnie posyp pozostałymi okruszkami Oreo.
aa) Przed pokrojeniem odczekaj kilka minut, aż lukier stwardnieje.

70. Ciasto Potrójnie Czekoladowe Krówki

SKŁADNIKI:
- 2 filiżanki mąki uniwersalnej
- 1 szklanka niesłodzonego kakao w proszku
- 2 łyżeczki proszku do pieczenia
- 1/2 łyżeczki sody oczyszczonej
- 1/2 łyżeczki soli
- 1 szklanka niesolonego masła, zmiękczonego
- 2 szklanki granulowanego cukru
- 4 jajka
- 1 łyżeczka ekstraktu waniliowego
- 1 szklanka kwaśnej śmietany
- 1 szklanka półsłodkich kawałków czekolady
- 1 szklanka kawałków mlecznej czekolady
- 1 szklanka kawałków białej czekolady

GLAZURA:
- 1 szklanka półsłodkich kawałków czekolady
- 1/2 szklanki gęstej śmietanki
- 1 łyżka niesolonego masła

INSTRUKCJE:

a) Rozgrzej piekarnik do 350°F (175°C). Nasmaruj tłuszczem i mąką formę do pieczenia.
b) W średniej misce wymieszaj mąkę, kakao w proszku, proszek do pieczenia, sodę oczyszczoną i sól.
c) W dużej misce utrzyj masło z cukrem na jasną i puszystą masę. Wbijaj jajka, jedno po drugim, a następnie wymieszaj z wanilią. Stopniowo dodawaj suche składniki do mokrych, na zmianę ze śmietaną, zaczynając i kończąc na suchych składnikach. Włóż kawałki czekolady.
d) Ciasto wlać do przygotowanej formy i wygładzić wierzch. Piec przez 50-60 minut lub do momentu, gdy wykałaczka wbita w środek będzie czysta. Pozostaw ciasto do ostygnięcia w formie na 10 minut, a następnie przenieś je na metalową kratkę, aby całkowicie ostygło.
e) Aby przygotować glazurę, włóż półsłodkie kawałki czekolady do żaroodpornej miski. W małym rondlu podgrzej ciężką śmietanę i masło na średnim ogniu, aż zacznie się gotować. Gorącą śmietaną zalej kawałki czekolady i odstaw na 2-3 minuty. Mieszaj, aż będzie gładkie. Pozostawić polewę do ostygnięcia na 10-15 minut, następnie posmarować nią wystudzone ciasto.

71.Ciasto czekoladowo-malinowe typu wir

SKŁADNIKI:
- 2 filiżanki mąki uniwersalnej
- 1 szklanka niesłodzonego kakao w proszku
- 1 łyżeczka proszku do pieczenia
- 1/2 łyżeczki sody oczyszczonej
- 1/2 łyżeczki soli
- 1 szklanka niesolonego masła, zmiękczonego
- 2 szklanki granulowanego cukru
- 4 jajka
- 1 łyżeczka ekstraktu waniliowego
- 1 szklanka maślanki
- 1 szklanka świeżych malin

WIR MALINOWY:
- 1 szklanka świeżych malin
- 2 łyżki granulowanego cukru

GLAZURA:
- 1 szklanka cukru pudru
- 2-3 łyżki mleka
- 1/2 łyżeczki ekstraktu waniliowego

INSTRUKCJE:

a) Rozgrzej piekarnik do 350°F (175°C). Nasmaruj tłuszczem i mąką formę do pieczenia.
b) W średniej misce wymieszaj mąkę, kakao w proszku, proszek do pieczenia, sodę oczyszczoną i sól.
c) W dużej misce utrzyj masło z cukrem na jasną i puszystą masę. Wbijaj jajka, jedno po drugim, a następnie wymieszaj z wanilią. Stopniowo dodawaj suche składniki do mokrych, na zmianę z maślanką, zaczynając i kończąc na suchych składnikach.
d) W małej misce rozgnieć maliny z cukrem, tak aby powstał malinowy wir.
e) Połowę ciasta wlać do przygotowanej formy. Na ciasto wyłóż połowę masy malinowej. Powtórz tę czynność z pozostałym ciastem i malinowym wirem. Za pomocą noża delikatnie wymieszaj ciasto i mieszankę malin.
f) Piec przez 50-60 minut lub do momentu, gdy wykałaczka wbita w środek będzie czysta. Pozostaw ciasto do ostygnięcia w formie na 10 minut, a następnie przenieś je na metalową kratkę, aby całkowicie ostygło.
g) Aby przygotować lukier, wymieszaj cukier puder, mleko i ekstrakt waniliowy na gładką masę. Polać nim ostudzone ciasto.

72. Ciasto Bundt z Ciemną Czekoladą i Pomarańczą

SKŁADNIKI:
- 2 filiżanki mąki uniwersalnej
- 1 szklanka niesłodzonego kakao w proszku
- 1 1/2 łyżeczki proszku do pieczenia
- 1/2 łyżeczki sody oczyszczonej
- 1/2 łyżeczki soli
- 1 szklanka niesolonego masła, zmiękczonego
- 2 szklanki granulowanego cukru
- 4 jajka
- Skórka z 1 pomarańczy
- 1/2 szklanki świeżo wyciśniętego soku pomarańczowego
- 1 szklanka kwaśnej śmietany
- 1 szklanka półsłodkich kawałków czekolady

GLAZURA:
- 1 szklanka półsłodkich kawałków czekolady
- 1/2 szklanki gęstej śmietanki
- Skórka otarta z 1 pomarańczy (opcjonalnie)

INSTRUKCJE:

a) Rozgrzej piekarnik do 350°F (175°C). Nasmaruj tłuszczem i mąką formę do pieczenia.
b) W średniej misce wymieszaj mąkę, kakao w proszku, proszek do pieczenia, sodę oczyszczoną i sól.
c) W dużej misce utrzyj masło z cukrem na jasną i puszystą masę. Wbijaj jajka, jedno po drugim, następnie wymieszaj ze skórką pomarańczową i sokiem. Stopniowo dodawaj suche składniki do mokrych, na zmianę ze śmietaną, zaczynając i kończąc na suchych składnikach. Włóż kawałki czekolady.
d) Ciasto wlać do przygotowanej formy i wygładzić wierzch. Piec przez 50-60 minut lub do momentu, gdy wykałaczka wbita w środek będzie czysta. Pozostaw ciasto do ostygnięcia w formie na 10 minut, a następnie przenieś je na metalową kratkę, aby całkowicie ostygło.
e) Aby przygotować glazurę, włóż półsłodkie kawałki czekolady do żaroodpornej miski. W małym rondlu podgrzej ciężką śmietankę na średnim ogniu, aż zacznie się gotować. Gorącą śmietaną zalej kawałki czekolady i odstaw na 2-3 minuty. Mieszaj, aż będzie gładkie. Pozostawić polewę do ostygnięcia na 10-15 minut, następnie posmarować nią wystudzone ciasto. W razie potrzeby posyp skórką pomarańczową.

CIASTECZKI SEROWE

73.Tort z czerwonego aksamitu

SKŁADNIKI:
- 1 ¼ szklanki oleju roślinnego
- 1 szklanka maślanki
- 2 jajka
- 2 łyżki czerwonego barwnika spożywczego
- 1 łyżeczka octu jabłkowego
- 1 łyżeczka ekstraktu waniliowego
- 2 ½ szklanki zwykłej mąki
- 1 ¾ szklanki cukru rycynowego
- 1 łyżeczka sody oczyszczonej
- Szczypta soli
- 1 ½ łyżki kakao w proszku

GLAZARA Z SERKA KREMOWEGO :
- 225 g (8 uncji) serka śmietankowego, temperatura pokojowa
- 5 łyżek niesolonego masła
- 2 ½ szklanki cukru pudru
- 1 łyżeczka ekstraktu waniliowego

INSTRUKCJE:

a) Rozgrzej piekarnik do 180 stopni C. Natłuść i oprósz mąką formę do pieczenia.

b) W mikserze stojącym lub mikserze elektrycznym połącz olej, maślankę, jajka, barwnik spożywczy, ocet i wanilię. Dobrze wymieszaj.

c) W osobnej misce przesiej razem suche składniki. Stopniowo dodawaj do mokrych składników, ubijaj na gładką masę.

d) Ciasto wlać do przygotowanej formy. Piec przez 50 minut lub do momentu, aż wykałaczka będzie czysta.

e) Wyjmij z piekarnika i pozostaw na 10 minut. Powoli poluzuj boki i przełóż na kratkę, aby całkowicie ostygły.

f) Po ostygnięciu wyłóż na wierzch polewę z serka śmietankowego.

ABY PRZYGOTOWAĆ LAKIER SEROWY :

g) Połącz masło i serek śmietankowy w mikserze stacjonarnym lub mikserze elektrycznym.

h) Stopniowo dodawaj cukier i wanilię przy niskiej prędkości, aby połączyć, a następnie ubijaj na dużej prędkości przez trzy minuty.

74. Ciasto serowe z kremem dyniowym

SKŁADNIKI:
CIASTO:
- 1 puszka dyni w stałym opakowaniu (15 uncji)
- 2 szklanki granulowanego cukru
- 4 duże jajka
- 1 szklanka jasnej oliwy z oliwek
- 2 filiżanki mąki uniwersalnej
- 2 łyżeczki przyprawy do ciasta dyniowego
- 2 łyżeczki sody oczyszczonej
- ½ łyżeczki drobnoziarnistej soli morskiej

GLAZARA Z SERKA KREMOWEGO :
- 4 uncje serka śmietankowego, zmiękczonego
- ¼ szklanki niesolonego masła, miękkiego
- ½ łyżeczki ekstraktu waniliowego
- 1 ¾ szklanki cukru pudru
- ¼ szklanki pół na pół lub mleka

KANDYZOWANE ORZECHY:
- 1 łyżka niesolonego masła
- 1 łyżeczka ekstraktu waniliowego
- 1 szklanka połówek i kawałków orzecha włoskiego
- ¼ szklanki granulowanego cukru
- ½ łyżeczki mielonego imbiru
- ½ łyżeczki mielonego cynamonu
- ¼ łyżeczki mielonych goździków

INSTRUKCJE:
CIASTO:
a) Rozgrzej piekarnik do 350°F. Spryskaj 10-calową karbowaną formę do pieczenia lub formę do pieczenia sprayem do pieczenia na bazie mąki (zalecany: Baker's Joy).
b) W dużej misce wymieszaj dynię, cukier, jajka i olej, aż dobrze się wymieszają.
c) W osobnej misce wymieszaj mąkę, przyprawę do ciasta dyniowego, sodę oczyszczoną i sól. Stopniowo ubijaj suche składniki w mieszance dyni, aż dobrze się wymieszają.
d) Wlać ciasto do przygotowanej formy do pieczenia i piec przez 50-55 minut lub do momentu, aż wykałaczka włożona blisko środka będzie czysta. Pozostaw ciasto do ostygnięcia na blasze przez 10 minut, a następnie wyjmij je na metalową kratkę. Całkowicie ostudzić.

GLAZARA Z SERKA KREMOWEGO :
e) W małej misce ubij serek śmietankowy, masło i ekstrakt waniliowy, aż się połączą.
f) Stopniowo ubijaj cukier puder, następnie dodawaj pół na pół (lub mleko), aż masa będzie gładka i dobrze wymieszana.
g) Polewą polej wierzch ciasta, pozwól jej się rozprowadzić i spłynąć po bokach.

KANDYZOWANE ORZECHY:
h) Rozpuść masło na patelni lub rondlu na średnim ogniu. Dodać ekstrakt waniliowy i cukier granulowany, często mieszając, aby zapobiec przypaleniu.
i) Gdy cukier zacznie się topić, dodaj cynamon, imbir i goździki. Mieszaj, aż mieszanina będzie dobrze wymieszana.
j) Dodaj orzechy włoskie i mieszaj, aż orzechy dobrze się nimi pokryją.
k) Wyłącz ogień i natychmiast wyłóż połówki i kawałki orzecha włoskiego na arkusz papieru pergaminowego, oddzielając je, aby zapobiec zlepianiu się.
l) Gdy orzechy ostygną i stwardnieje powłoka (około 5 minut), posyp nimi wierzch lukrowanego ciasta.
m) Podawaj i ciesz się zachwycającym połączeniem smaków!

75. Ciasto cytrynowo-serowe z kremem

SKŁADNIKI:
NA CIASTO CYTRYNOWE:
- 3 szklanki mąki uniwersalnej
- ¾ łyżeczki sody oczyszczonej
- ½ łyżeczki soli
- 1 szklanka niesolonego masła, zmiękczonego
- 2 ¼ szklanki granulowanego cukru
- 3 duże jajka
- 1 łyżka skórki cytrynowej
- 2 łyżki soku z cytryny (świeżo wyciśniętego)
- 2 łyżeczki ekstraktu waniliowego
- 1 szklanka kwaśnej śmietany, temperatura pokojowa
- Żółty barwnik spożywczy

NA NADZIENIE SEROWE:
- 8 uncji serka śmietankowego, zmiękczonego
- ½ szklanki granulowanego cukru
- 1 duże jajko
- 1 łyżka skórki cytrynowej
- 1 łyżeczka ekstraktu waniliowego

DO SZKLIWIENIA:
- 2 szklanki cukru pudru
- 4-5 łyżek pełnego mleka

INSTRUKCJE:
NA CIASTO CYTRYNOWE:
a) Rozgrzej piekarnik do 325 stopni Fahrenheita. Spryskaj standardową patelnię o średnicy 10 cali sprayem zapobiegającym przywieraniu, zapewniając pokrycie wszystkich rogów i szczelin.
b) W średniej wielkości misce wymieszaj mąkę, sodę oczyszczoną i sól. Odłożyć na bok.
c) W mikserze stojącym z przystawką do łopatek lub w dużej misce z mikserem ręcznym wymieszaj masło i cukier, aż masa będzie jasna i puszysta. Zeskrob po bokach.
d) Dodawaj jajka, jedno po drugim, dokładnie włączając każde przed dodaniem kolejnego.

e) Wymieszaj skórkę z cytryny, sok z cytryny i wanilię. Zeskrobać z dna i boków miski.
f) Dodać połowę mąki, wymieszać aż składniki się połączą, następnie dodać połowę kwaśnej śmietany. Powtórz tę czynność z pozostałą mąką i kwaśną śmietaną, pamiętając o zeskrobaniu miski, aby była kompletna.
g) Dodać barwnik spożywczy i mieszać aż do uzyskania pożądanego koloru bez smug. Odłóż ciasto na bok.

NA NADZIENIE SEROWE:
h) W innej średniej misce ubij ser śmietankowy na gładką masę za pomocą miksera ręcznego lub stojącego.
i) Dodaj cukier i mieszaj, aż się połączą.
j) Wymieszaj jajko, skórkę z cytryny i ekstrakt waniliowy, aż masa będzie gładka i połączona.
k) Do przygotowanej formy do pieczenia wlać około połowy ciasta.
l) Na ciasto wyłóż kremowe nadzienie serowe, omijając krawędzie i środek formy.
m) Na wierzch wyłóż resztę ciasta i równomiernie je wyrównaj.
n) Piecz ciasto przez 60 do 75 minut lub do momentu, aż wykałaczka będzie czysta. Dopuszczalne jest kilka wilgotnych okruszków.
o) Pozostaw ciasto do ostygnięcia na blaszce przez 10 minut, następnie przełóż je na metalową kratkę, aby całkowicie ostygło.

DO SZKLIWIENIA:
p) Gdy ciasto wystygnie, przygotuj lukier, mieszając cukier puder z mlekiem w średniej wielkości misce, aż masa będzie gładka. Zacznij od 4 łyżek mleka i w razie potrzeby dodaj więcej. Glazura powinna być gęsta, ale lejąca.
q) Połóż ciasto na paterze lub talerzu do serwowania. Polewę równomiernie wylać na ciasto.
r) Pozostawić glazurę do zastygnięcia na około 30 minut.
s) Pokrój go na kawałki i delektuj się zachwycającym połączeniem cytryny, serka śmietankowego i słodyczy. Cieszyć się!

76. Ciasto czekoladowo-serowe z kremem

SKŁADNIKI:

NA CIASTO:
- ½ szklanki (113 g) masła o temperaturze pokojowej
- ½ szklanki (110 g) oleju roślinnego
- 1 ½ szklanki (300 g) cukru
- 3 jajka
- 1 łyżeczka (5g) ekstraktu waniliowego
- 1 szklanka (240 g) maślanki
- 2 ¼ szklanki (280 g) mąki uniwersalnej
- ¾ szklanki (90 g) kakao w proszku
- 3 łyżeczki (12g) proszku do pieczenia
- 1 łyżeczka (5g) soli

NA NADZIENIE SEROWE:
- 12 uncji (350 g) serka śmietankowego, temperatura pokojowa
- ¼ szklanki (50 g) cukru kryształu
- 1 jajko
- 1 łyżeczka (5g) ekstraktu waniliowego

NA CZEKOLADOWY GANACHE:
- 4 uncje (120 g) półsłodkiej czekolady
- ½ szklanki (120 g) śmietanki do ubijania

INSTRUKCJE:
a) Rozgrzej piekarnik do 350F (180C). Formę do pieczenia bułek o średnicy 23–25 cm posmaruj masłem i posyp mąką.

PRZYGOTOWANIE CIASTA CZEKOLADOWEGO:
b) W dużej misce wymieszaj mąkę, kakao, sól i proszek do pieczenia. Odłożyć na bok.
c) W drugiej misce wymieszaj masło z cukrem i olejem roślinnym, aż uzyskasz kremową konsystencję. Dodawaj jajka pojedynczo. Dodać ekstrakt waniliowy i wymieszać do połączenia.
d) Mikser na niskich obrotach dodawaj naprzemiennie stopniowo maślankę i mąkę, aż wszystko zostanie dobrze połączone. Odłożyć na bok.

PRZYGOTOWAĆ NADZIENIE SEROWE:
e) W dużej misce wymieszaj ser śmietankowy, aż będzie gładki.
f) Dodaj cukier, jajko i ekstrakt waniliowy i mieszaj, aż dobrze się połączą.

ZMONTOWAĆ CIASTO:
g) Do przygotowanej formy wlać od jednej trzeciej do połowy ciasta czekoladowego. Za pomocą grzbietu łyżki utwórz dołek.
h) Ostrożnie umieść nadzienie serowe na środku. Delikatnie połóż resztę ciasta czekoladowego na nadzieniu serowym i na krawędziach.
i) Piec około 60-65 minut lub do momentu, aż wykałaczka wbita w środek będzie sucha.
j) Pozostawić do lekkiego ostygnięcia na blaszce na kratce przez około 10-15 minut. Odwrócić i całkowicie ostudzić.

PRZYGOTUJ CZEKOLADOWY GANACHE:
k) Czekoladę i śmietankę umieścić w żaroodpornej misce i ustawić nad garnkiem z gotującą się wodą. Rozpuścić na małym ogniu.
l) Wylać ganache na ciasto czekoladowe. Przed podaniem pozwól mu lekko ostygnąć.
m) Resztki przechowuj w lodówce. Ciesz się dekadencją!

77.Ciasto marchewkowe z sernikiem i wirami

SKŁADNIKI:

- 2 ¼ szklanki mąki uniwersalnej
- 1 ½ łyżeczki proszku do pieczenia
- 1 łyżeczka sody oczyszczonej
- ½ łyżeczki soli
- ½ łyżeczki mielonego cynamonu
- ¼ łyżeczki mielonej gałki muszkatołowej
- 2 szklanki startej marchewki
- 1 ½ szklanki opakowania jasnobrązowego cukru
- ¾ szklanki pokruszonego ananasa, bez odsączenia
- 4 jajka
- 1 szklanka oleju roślinnego
- 1 łyżeczka wanilii
- ½ szklanki posiekanych orzechów pekan
- 1 opakowanie (250 g) serka śmietankowego, miękkiego
- ⅓ szklanki granulowanego cukru
- 1 jajko
- 1 łyżeczka wanilii
- 1 ½ szklanki cukru pudru
- ½ łyżeczki wanilii
- 3 do 4 łyżek mleka lub gęstej śmietany do ubijania
- Dodatkowe orzechy pekan do dekoracji, według uznania

INSTRUKCJE:

a) Rozgrzej piekarnik do 150°F. Spryskaj formę do ciasta z karbowaną rurką o pojemności 12 filiżanek sprayem do gotowania lub posmaruj masłem i lekko mąką.

b) W dużej misce wymieszaj mąkę, proszek do pieczenia, sodę oczyszczoną, sól, cynamon i gałkę muszkatołową. Dodaj posiekaną marchewkę; wrzucić do płaszcza. W średniej misce ubij brązowy cukier, ananasa, 4 jajka, olej roślinny i 1 łyżeczkę wanilii. Dodaj do suchych składników; mieszaj tylko do połączenia. Wymieszać z posiekanymi orzechami pekan.

c) W średniej misce ubij składniki Cream Cheese Swirl trzepaczką, aż będą gładkie.

d) Do formy wlać połowę ciasta. Na wierzch wyłóż mieszaninę serka śmietankowego, pozostawiając 1 cm wokół krawędzi. Na wierzch wyłożyć łyżką pozostałe ciasto.

e) Piec około 60 minut lub do momentu, aż ciasto po delikatnym naciśnięciu zacznie wracać do formy. Studzimy na patelni przez 15 minut, następnie wyjmujemy na kratkę do całkowitego wystygnięcia, około 1 godziny.

f) W średniej misce wymieszaj cukier puder, ½ łyżeczki wanilii i tyle mleka, aby uzyskać gęstą, ale płynną lukier. Delikatnie wylać na ostudzone ciasto; posyp orzechami pekan. Przed podaniem odstaw na 30 minut, aby lukier stwardniał.

78. Ciasto z sernikiem truskawkowym i limonką

SKŁADNIKI:
NADZIENIE SERNIKOWE:
- 8 uncji sera śmietankowego
- ½ szklanki granulowanego cukru
- 1 jajko
- 1 łyżeczka ekstraktu waniliowego
- 2 łyżeczki mąki uniwersalnej

BAZA CIASTA:
- 2 filiżanki mąki uniwersalnej
- 1 łyżeczka proszku do pieczenia
- ½ łyżeczki soli koszernej
- 1 szklanka niesolonego masła
- 1 ⅔ szklanki granulowanego cukru
- 4 jajka
- ½ łyżki ekstraktu waniliowego
- ⅔ szklanki mleka

KLUCZOWE CIASTO LIMONKOWE:
- 1 sok z limonki
- Skórka z 2 limonek
- Zielony barwnik spożywczy

CIASTO TRUSKAWKOWE:
- ½ szklanki truskawek, obranych i posiekanych
- Różowy barwnik spożywczy

Truskawkowa Limonkowa :
- 4 uncje sera śmietankowego
- ½ szklanki cukru pudru, przesianego
- 3 łyżki soku z limonki
- ½ łyżeczki skórki z limonki
- 2 truskawki, obrane i posiekane

INSTRUKCJE:
NADZIENIE SERNIKOWE:
a) W misie miksera elektrycznego ubijaj ser śmietankowy i cukier, aż dobrze się połączą. Dodaj jajko, wanilię i mąkę, aż dobrze się połączą. Odłożyć na bok.

BAZA CIASTA:

b) Rozgrzej piekarnik do 325 stopni F i nasmaruj patelnię Heritage na 10 filiżanek sprayem do gotowania.
c) W średniej misce wymieszaj mąkę, proszek do pieczenia i sól. Odłożyć na bok.
d) W mikserze utrzyj masło z cukrem przez 4-5 minut na średnio-wysokiej prędkości, aż masa będzie jasna i puszysta.
e) Mieszaj jajka pojedynczo, po każdym dodaniu całkowicie mieszając. Dodaj wanilię.
f) Mikserem na niskich obrotach dodawaj na przemian mąkę z mlekiem, miksując aż składniki się połączą.
g) Ciasto rozdzielić do 2 misek. Złóż sok z limonki, skórkę i zielony barwnik spożywczy w jednym, a świeże truskawki i różowy barwnik spożywczy w drugim.
h) Przygotuj 2 rękawy ciasta i napełnij je jednym ciastem. Wyciskaj ciasto, zmieniając kolory, w fałdy formy do pieczenia, uważając, aby nie rozlać się na pozostałe fałdy.
i) Po wypełnieniu fałd kontynuuj napełnianie patelni do połowy jej objętości. Na środek ciasta wlewamy nadzienie sernikowe, tak aby nie dotykało krawędzi formy. Wyciśnij pozostałe ciasto naprzemiennymi warstwami i w razie potrzeby marmurkuj. Rozłóż ciasto równomiernie.
j) Piec przez 55-60 minut lub do momentu, aż patyczek będzie suchy.
k) Wyjmij z piekarnika i przenieś formę na kratkę do studzenia na 10-15 minut. Poluzuj ciasto, uderzając nim o blat, aby je rozluźnić, a następnie wyjmij ciasto na kratkę do całkowitego wystygnięcia.

Truskawkowa Limonkowa :
l) W małej misce połącz serek śmietankowy i cukier puder. Za pomocą miksera ubijaj śmietanę, mieszając, aż składniki dobrze się połączą.
m) W moździerzu lub na dnie szklanki rozetrzyj sok z limonki, skórkę i pokrojone truskawki. Wymieszaj z mieszaniną serka śmietankowego, w razie potrzeby dodając więcej soku z limonki, aby rozrzedzić.
n) Ciepłą polewę wylać na ciepłe ciasto. Udekoruj plasterkami truskawek i skórką z limonki.

79. Ciasto jagodowo-cytrynowo-mascarpone

SKŁADNIKI:
- 2 filiżanki mąki uniwersalnej
- 1 szklanka granulowanego cukru
- 1/2 szklanki niesolonego masła, zmiękczonego
- 1/2 szklanki serka mascarpone, miękkiego
- 1/2 szklanki mleka
- 2 jajka
- 1 łyżeczka ekstraktu waniliowego
- 1 łyżka skórki cytrynowej
- 1 łyżka soku z cytryny
- 1 łyżeczka proszku do pieczenia
- 1/2 łyżeczki sody oczyszczonej
- 1/4 łyżeczki soli
- 1 szklanka świeżych jagód

DO SZKLIWIENIA:
- 1 szklanka cukru pudru
- 2 łyżki soku z cytryny
- Dodatkowa skórka z cytryny do dekoracji

INSTRUKCJE:

a) Rozgrzej piekarnik do 175°C (350°F). Nasmaruj tłuszczem i mąką formę do pieczenia.
b) W dużej misce utrzyj masło, serek mascarpone i cukier granulowany, aż masa będzie jasna i puszysta.
c) Wbijaj jajka, jedno po drugim, następnie dodaj ekstrakt waniliowy, skórkę cytrynową i sok z cytryny.
d) W osobnej misce wymieszaj mąkę, proszek do pieczenia, sodę oczyszczoną i sól.
e) Stopniowo dodawaj suche składniki do mokrych, na zmianę z mlekiem. Mieszaj aż do połączenia.
f) Delikatnie dodaj świeże jagody.
g) Ciasto wlać do przygotowanej formy i wygładzić wierzch szpatułką.
h) Piec przez 45-50 minut lub do momentu, gdy wykałaczka wbita w środek będzie czysta.
i) Pozostaw ciasto do ostygnięcia w formie na 10 minut, a następnie przenieś je na metalową kratkę, aby całkowicie ostygło.
j) Aby przygotować lukier, wymieszaj cukier puder z sokiem z cytryny na gładką masę. Powstałą glazurą polej ostudzone ciasto i posyp dodatkową skórką z cytryny.
k) Przed pokrojeniem i podaniem odczekaj, aż glazura stwardnieje.

80. Ciasto migdałowo-pomarańczowe z ricottą

SKŁADNIKI:
- 2 filiżanki mąki uniwersalnej
- 1 szklanka granulowanego cukru
- 1/2 szklanki niesolonego masła, zmiękczonego
- 1 szklanka sera ricotta
- 1/4 szklanki świeżego soku pomarańczowego
- Skórka z 1 pomarańczy
- 2 jajka
- 1 łyżeczka ekstraktu waniliowego
- 1 łyżeczka ekstraktu migdałowego
- 1 łyżeczka proszku do pieczenia
- 1/2 łyżeczki sody oczyszczonej
- 1/4 łyżeczki soli
- 1/2 szklanki posiekanych migdałów do dekoracji

INSTRUKCJE:
a) Rozgrzej piekarnik do 175°C (350°F). Nasmaruj tłuszczem i mąką formę do pieczenia.
b) W dużej misce utrzyj masło, ser ricotta i cukier granulowany, aż masa będzie jasna i puszysta.
c) Wbijaj jajka, jedno po drugim, następnie dodaj ekstrakt waniliowy, ekstrakt migdałowy, sok pomarańczowy i skórkę pomarańczową.
d) W osobnej misce wymieszaj mąkę, proszek do pieczenia, sodę oczyszczoną i sól.
e) Stopniowo dodawaj suche składniki do mokrych, miksuj tylko do połączenia.
f) Ciasto wlać do przygotowanej formy i wygładzić wierzch szpatułką.
g) Piec przez 45-50 minut lub do momentu, gdy wykałaczka wbita w środek będzie czysta.
h) Pozostaw ciasto do ostygnięcia w formie na 10 minut, a następnie przenieś je na metalową kratkę, aby całkowicie ostygło.
i) Po ostygnięciu posypujemy wierzch ciasta posiekanymi migdałami.
j) Pokrój i podawaj.

81. Ciasto z serkiem klonowo-orzechowym

SKŁADNIKI:
- 2 filiżanki mąki uniwersalnej
- 1 szklanka granulowanego cukru
- 1/2 szklanki niesolonego masła, zmiękczonego
- 1 szklanka serka śmietankowego, zmiękczonego
- 1/4 szklanki syropu klonowego
- 1/4 szklanki mleka
- 2 jajka
- 1 łyżeczka ekstraktu waniliowego
- 1 łyżeczka proszku do pieczenia
- 1/2 łyżeczki sody oczyszczonej
- 1/4 łyżeczki soli
- 1 szklanka posiekanych orzechów pekan

DO SZKLIWIENIA:
- 1/2 szklanki cukru pudru
- 2 łyżki syropu klonowego
- 1 łyżka mleka

INSTRUKCJE:

a) Rozgrzej piekarnik do 175°C (350°F). Nasmaruj tłuszczem i mąką formę do pieczenia.
b) W dużej misce utrzyj masło, serek śmietankowy i cukier granulowany, aż masa będzie jasna i puszysta.
c) Wbijaj jajka, jedno po drugim, następnie dodaj syrop klonowy, mleko i ekstrakt waniliowy.
d) W osobnej misce wymieszaj mąkę, proszek do pieczenia, sodę oczyszczoną i sól.
e) Stopniowo dodawaj suche składniki do mokrych, miksuj tylko do połączenia.
f) Dodać posiekane orzechy pekan.
g) Ciasto wlać do przygotowanej formy i wygładzić wierzch szpatułką.
h) Piec przez 45-50 minut lub do momentu, gdy wykałaczka wbita w środek będzie czysta.
i) Pozostaw ciasto do ostygnięcia w formie na 10 minut, a następnie przenieś je na metalową kratkę, aby całkowicie ostygło.
j) Aby przygotować glazurę, wymieszaj cukier puder, syrop klonowy i mleko na gładką masę. Powstałą glazurą polej schłodzone ciasto.
k) Przed pokrojeniem i podaniem odczekaj, aż glazura stwardnieje.

82.Ciasto serowe z malinami i białą czekoladą

SKŁADNIKI:
- 2 filiżanki mąki uniwersalnej
- 1 szklanka granulowanego cukru
- 1/2 szklanki niesolonego masła, zmiękczonego
- 1 szklanka serka śmietankowego, zmiękczonego
- 1/4 szklanki mleka
- 2 jajka
- 1 łyżeczka ekstraktu waniliowego
- 1 szklanka świeżych malin
- 1/2 szklanki kawałków białej czekolady

DO SZKLIWIENIA:
- 1/2 szklanki kawałków białej czekolady
- 2 łyżki gęstej śmietany
- Dodatkowo świeże maliny do dekoracji

INSTRUKCJE:
a) Rozgrzej piekarnik do 175°C (350°F). Nasmaruj tłuszczem i mąką formę do pieczenia.
b) W dużej misce utrzyj masło, serek śmietankowy i cukier granulowany, aż masa będzie jasna i puszysta.
c) Wbijaj jajka, jedno po drugim, następnie dodaj mleko i ekstrakt waniliowy.
d) W osobnej misce wymieszaj mąkę z kawałkami białej czekolady.
e) Stopniowo dodawaj suche składniki do mokrych, miksuj tylko do połączenia.
f) Delikatnie dodaj świeże maliny.
g) Ciasto wlać do przygotowanej formy i wygładzić wierzch szpatułką.
h) Piec przez 45-50 minut lub do momentu, gdy wykałaczka wbita w środek będzie czysta.
i) Pozostaw ciasto do ostygnięcia w formie na 10 minut, a następnie przenieś je na metalową kratkę, aby całkowicie ostygło.
j) Aby przygotować glazurę, rozpuść kawałki białej czekolady i gęstą śmietankę w misce przeznaczonej do kuchenki mikrofalowej, mieszając, aż masa będzie gładka. Powstałą glazurą polej ostudzone ciasto i udekoruj dodatkowymi świeżymi malinami.
k) Przed pokrojeniem i podaniem odczekaj, aż glazura stwardnieje.

PIĘKNE CIASTA BUNDT

83. Ciasto Limoncello Bundt

SKŁADNIKI:
NA CIASTO:
- 2 ½ szklanki mąki uniwersalnej
- 2 łyżeczki proszku do pieczenia
- ½ łyżeczki soli
- 1 szklanka niesolonego masła, zmiękczonego
- 2 szklanki granulowanego cukru
- 4 duże jajka
- 1 łyżeczka ekstraktu waniliowego
- ¼ szklanki likieru Limoncello
- ½ szklanki mleka

DO SZKLIWIENIA:
- 1 szklanka cukru pudru
- 2 łyżki likieru Limoncello
- 1 łyżka świeżego soku z cytryny
- Skórka z cytryny do dekoracji

INSTRUKCJE:

a) Rozgrzej piekarnik do 175°C (350°F). Nasmaruj tłuszczem i mąką formę do pieczenia Bundta.

b) W średniej misce wymieszaj mąkę, proszek do pieczenia i sól.

c) W dużej misce utrzyj masło z cukrem pudrem na jasną i puszystą masę.

d) Wbijaj jajka, jedno po drugim, a następnie ekstrakt waniliowy.

e) Stopniowo dodawaj suche składniki do masy maślanej, na zmianę z likierem Limoncello i mlekiem. Rozpocznij i zakończ suchymi składnikami.

f) Ciasto wlać do przygotowanej formy Bundt i równomiernie rozprowadzić.

g) Piec przez 45-50 minut lub do momentu, gdy wykałaczka wbita w środek będzie czysta.

h) Wyjmij ciasto z piekarnika i pozostaw do ostygnięcia w formie na 10 minut. Następnie przełożyć na kratkę do całkowitego wystygnięcia.

i) W małej misce wymieszaj cukier puder, likier Limoncello i świeży sok z cytryny, aby przygotować glazurę.

j) Powstałą glazurą polej schłodzone ciasto.

k) Udekoruj skórką z cytryny.

l) Pokrój i podawaj pyszne domowe ciasto Limoncello Bundt.

84.Ciasto Funtowe Baileysa

SKŁADNIKI:
NA CIASTO FUNTOWE:
- 1 szklanka pełnego mleka
- 1 łyżka białego octu
- 3 szklanki mąki uniwersalnej
- 2 łyżeczki mielonego cynamonu
- ½ łyżeczki sody oczyszczonej
- ½ łyżeczki soli
- 1 szklanka niesolonego masła, zmiękczonego
- 2 ¾ szklanki granulowanego cukru
- 4 duże jajka
- 1 łyżka ekstraktu waniliowego
- ¼ szklanki Baileysa

NA SOS BAILEYS:
- ½ szklanki niesolonego masła
- ½ szklanki brązowego cukru pudru
- ½ szklanki granulowanego cukru
- ⅓ szklanki pół na pół
- 3 łyżki Baileysa

INSTRUKCJE:

a) Rozgrzej piekarnik do 325°F. Nasmaruj 10-calową blachę do pieczenia sprayem do pieczenia lub masłem i posyp mąką. Odłożyć na bok.

b) W małej misce wymieszaj mleko i ocet. Odłożyć na bok. W średniej misce wymieszaj mąkę, cynamon, sodę oczyszczoną i sól. Odłożyć na bok.

c) W dużej misce miksera utrzyj masło z cukrem na jasną i puszystą masę. Wbijaj jajka, jedno po drugim, następnie mieszaj z ekstraktem waniliowym, aż składniki dobrze się połączą. Dodawaj mąkę na przemian z mlekiem i Baileysem.

d) Ciasto wlać do przygotowanej formy. Piec przez 55 do 65 minut, aż środek ciasta się zetnie, a wbita wykałaczka będzie czysta. Pozostaw ciasto do ostygnięcia na 30 minut, a następnie przełóż je na talerz.

SOS MAKARONIK:

e) Połącz masło, brązowy cukier i cukier granulowany w małym rondlu. Podgrzewaj na średnim ogniu, często mieszając, aż masa będzie gładka. Dodaj śmietanę i Baileys i gotuj na wolnym ogniu. Dusić przez 7 minut, często mieszając. Zdjąć z ognia i pozostawić do ostygnięcia na 10 minut.

f) Podawaj ciasto funtowe na ciepło i skrop każdy kawałek sosem Baileys.

85. Irlandzkie ciasto kawowe z sosem whisky

SKŁADNIKI:
CIASTO BUNDT:
- 6 uncji niesolonego masła o temperaturze pokojowej, pokrojonego na kawałki i dodatkowo do smarowania
- 8 uncji brązowego cukru
- 5 uncji mocnej parzonej kawy, temperatura pokojowa
- 2 uncje irlandzkiej whisky
- Z dużego jajka 3 duże jajka plus 1 żółtko
- 1 łyżeczka ekstraktu waniliowego
- 12 ½ uncji mąki uniwersalnej
- 1 łyżka proszku do pieczenia
- 1 łyżeczka sody oczyszczonej
- ⅛ łyżeczki soli

WHISKY SOS KARMELOWY:
- 3 uncje niesolonego masła, pokrojonego na kawałki
- 3 uncje brązowego cukru
- 2 uncje irlandzkiej whisky
- 1 szczypta soli
- 2 uncje ciężkiej śmietany do ubijania

INSTRUKCJE:
NA CIASTO BUNDT:
a) Rozgrzej piekarnik do 175°C (350°F). Formę do ciasta Bundt wysmaruj masłem.
b) W misce miksującej utrzyj masło o temperaturze pokojowej i brązowy cukier na jasną i puszystą masę.
c) Do ubitej masy dodaj zaparzoną kawę, irlandzką whisky, jajka, żółtko i ekstrakt waniliowy. Dobrze wymieszaj.
d) W osobnej misce wymieszaj mąkę uniwersalną, proszek do pieczenia, sodę oczyszczoną i sól.
e) Stopniowo dodawaj suche składniki do mokrych, miksuj tylko do połączenia.
f) Wlać ciasto do przygotowanej formy Bundt, równomiernie je rozprowadzając.
g) Piec w nagrzanym piekarniku przez około 45-50 minut lub do momentu, aż wykałaczka wbita w środek będzie sucha.
h) Pozostaw ciasto do ostygnięcia na blasze na 10 minut, a następnie przenieś je na metalową kratkę, aby całkowicie ostygło.

NA SOS WHISKY KARMELOWY:
i) W rondlu na średnim ogniu rozpuść masło na sos karmelowy.
j) Dodaj brązowy cukier, irlandzką whisky i szczyptę soli. Mieszaj ciągle, aż cukier się rozpuści i masa będzie gładka.
k) Stopniowo dodawaj gęstą śmietankę cały czas mieszając. Kontynuuj gotowanie przez kilka minut, aż sos zgęstnieje.
l) Zdjąć z ognia i pozostawić do lekkiego ostygnięcia.

MONTAŻ:
m) Gdy ciasto całkowicie ostygnie, posmaruj wierzch sosem Whisky Caramel.
n) Pokrój i podawaj, rozkoszując się bogatym smakiem irlandzkiej kawy w formie ciasta.

86.Ciasto Makaronik Bundt

SKŁADNIKI:
CIASTO:
- 2 ½ szklanki mąki
- ¾ łyżeczki proszku do pieczenia bez aluminium
- ¼ łyżeczki sody oczyszczonej
- ½ łyżeczki soli
- 10 łyżek niesolonego masła o temperaturze pokojowej
- 3 uncje pasty migdałowej pokrojonej w kostkę
- 1 ¼ szklanki cukru
- 2 duże jajka w temperaturze pokojowej
- 1 szklanka niskotłuszczowej maślanki o temperaturze pokojowej
- 2 łyżki makaronik
- 1 łyżeczka czystego ekstraktu migdałowego

GLAZURA:
- 1 łyżka roztopionego masła
- Szczypta soli
- 1/16 łyżeczki czystego ekstraktu migdałowego
- 1 łyżka makaronik
- 1 łyżka mleka
- ¾ szklanki cukru pudru, przesianego

INSTRUKCJE:

a) Rozgrzej piekarnik do 150°F i obficie spryskaj patelnię na 10 filiżanek sprayem zapobiegającym przywieraniu. W średniej misce wymieszaj mąkę, proszek do pieczenia, sodę oczyszczoną i sól.

b) W dużej misce miksera ubijaj masło, pastę migdałową i cukier na średnich obrotach, aż masa będzie jasna i puszysta. Zmniejsz prędkość do najniższej i dodawaj po jednym jajku.

c) Połącz maślankę, Makaronik i ekstrakt migdałowy w małej misce. Dodawaj mąkę w trzech porcjach, na zmianę z maślanką (zaczynając i kończąc na mieszance mąki), aż do połączenia.

d) Łyżką przełóż ciasto do przygotowanej formy i wygładź je za pomocą szpatułki. Uderz mocno patelnią, aby zredukować pęcherzyki powietrza.

e) Piecz przez 40 do 45 minut, aż ciasto będzie złociste, sprężyste i włożone w środek próbnik wyjdzie czysty lub z kilkoma okruszkami. Studzimy na patelni na kratce przez 10 minut; ostrożnie przełożyć na kratkę i całkowicie ostudzić.

f) Aby przygotować lukier, w małej misce wymieszaj roztopione masło, sól, ekstrakt migdałowy, Makaronik, mleko i cukier puder. Polewą polej ciasto i pozostaw do zastygnięcia przed podaniem.

g) Resztki przechowuj w szczelnym pojemniku w temperaturze pokojowej.

87. Ciasto z rodzynkami rumowymi

SKŁADNIKI:
- 1 szklanka ciemnego rumu
- 1 szklanka rodzynek
- 3 szklanki mąki uniwersalnej
- 1 łyżeczka proszku do pieczenia
- 1/2 łyżeczki sody oczyszczonej
- 1/2 łyżeczki soli
- 1 szklanka niesolonego masła, zmiękczonego
- 2 szklanki granulowanego cukru
- 4 jajka
- 1 łyżeczka ekstraktu waniliowego
- 1 szklanka kwaśnej śmietany

GLAZURA:
- 1 szklanka cukru pudru
- 2-3 łyżki ciemnego rumu
- 1 łyżka gęstej śmietanki

INSTRUKCJE:
a) Rozgrzej piekarnik do 350°F (175°C). Nasmaruj tłuszczem i mąką formę do pieczenia.
b) W małym rondlu podgrzej rum na małym ogniu. Dodać rodzynki i pozostawić do namoczenia na 15-20 minut. Odcedź i odłóż na bok.
c) W średniej misce wymieszaj mąkę, proszek do pieczenia, sodę oczyszczoną i sól.
d) W dużej misce utrzyj masło z cukrem na jasną i puszystą masę. Wbijaj jajka, jedno po drugim, a następnie wymieszaj z wanilią. Stopniowo dodawaj suche składniki do masy maślanej, na zmianę ze śmietaną, zaczynając i kończąc na suchych składnikach. Dodać namoczone rodzynki.
e) Wlać ciasto do przygotowanej formy. Piec przez 50-60 minut lub do momentu, gdy wykałaczka wbita w środek będzie czysta. Studzimy na blaszce przez 10 minut, następnie przekładamy na metalową kratkę do całkowitego wystygnięcia.
f) Aby przygotować lukier, wymieszaj cukier puder, rum i gęstą śmietanę, aż masa będzie gładka. Polać nim ostudzone ciasto.

88. Ciasto czekoladowe Bourbon

SKŁADNIKI:
- 1 szklanka niesolonego masła
- 1/3 szklanki niesłodzonego kakao w proszku
- 1 szklanka wody
- 2 szklanki granulowanego cukru
- 2 filiżanki mąki uniwersalnej
- 1 łyżeczka sody oczyszczonej
- 1/2 łyżeczki soli
- 2 duże jajka
- 1/2 szklanki kwaśnej śmietany
- 1 łyżeczka ekstraktu waniliowego
- 1/4 szklanki bourbona

GLAZURA:
- 1 szklanka cukru pudru
- 2 łyżki bourbona
- 1 łyżka mleka

INSTRUKCJE:
a) Rozgrzej piekarnik do 350°F (175°C). Nasmaruj tłuszczem i mąką formę do pieczenia.
b) W średnim rondlu połącz masło, kakao i wodę. Doprowadzić do wrzenia, ciągle mieszając. Zdjąć z ognia.
c) W dużej misce wymieszaj cukier, mąkę, sodę oczyszczoną i sól. Dodaj gorącą mieszankę kakaową i ubijaj, aż masa będzie gładka.
d) W osobnej misce wymieszaj jajka, śmietanę, wanilię i bourbon. Stopniowo dodawaj do masy kakaowej, ubijaj, aż składniki dobrze się połączą.
e) Wlać ciasto do przygotowanej formy. Piec przez 40-45 minut lub do momentu, gdy wykałaczka wbita w środek będzie czysta. Studzimy na blasze przez 10 minut, następnie przekładamy na metalową kratkę do całkowitego wystygnięcia.
f) Aby przygotować lukier, wymieszaj cukier puder, bourbon i mleko na gładką masę. Polać nim ostudzone ciasto.

89. Ciasto pomarańczowe Grand Marnier

SKŁADNIKI:
- 1 szklanka niesolonego masła, zmiękczonego
- 2 szklanki granulowanego cukru
- 4 duże jajka
- 3 szklanki mąki uniwersalnej
- 1 łyżka proszku do pieczenia
- 1/2 łyżeczki soli
- 1 szklanka kwaśnej śmietany
- 1/4 szklanki Grand Marnier (likieru pomarańczowego)
- Skórka z 2 pomarańczy
- 1/4 szklanki świeżego soku pomarańczowego

GLAZURA:
- 1 szklanka cukru pudru
- 2-3 łyżki Grand Marnier
- Skórka pomarańczowa do dekoracji

INSTRUKCJE:
a) Rozgrzej piekarnik do 350°F (175°C). Nasmaruj tłuszczem i mąką formę do pieczenia.
b) W dużej misce utrzyj masło z cukrem na jasną i puszystą masę. Dodawaj jajka, jedno po drugim, dobrze ubijając po każdym dodaniu.
c) W osobnej misce wymieszaj mąkę, proszek do pieczenia i sól. Stopniowo dodawaj do ubitej masy na zmianę ze śmietaną, zaczynając i kończąc na mieszance mącznej. Wymieszaj Grand Marnier, skórkę pomarańczową i sok pomarańczowy.
d) Wlać ciasto do przygotowanej formy. Piec przez 50-60 minut lub do momentu, gdy wykałaczka wbita w środek będzie czysta. Studzimy na blaszce przez 10 minut, następnie przekładamy na metalową kratkę do całkowitego wystygnięcia.
e) Aby przygotować lukier, wymieszaj cukier puder i Grand Marnier na gładką masę. Polać wystudzonym ciastem i udekorować skórką pomarańczową.

90. Ciasto czekoladowe Kahlua

SKŁADNIKI:
- 1 szklanka niesolonego masła
- 1/4 szklanki niesłodzonego kakao w proszku
- 1 szklanka wody
- 2 szklanki granulowanego cukru
- 2 filiżanki mąki uniwersalnej
- 1 łyżeczka sody oczyszczonej
- 1/2 łyżeczki soli
- 2 duże jajka
- 1/2 szklanki kwaśnej śmietany
- 1 łyżeczka ekstraktu waniliowego
- 1/2 szklanki Kahlua (likieru kawowego)

GLAZURA:
- 1 szklanka cukru pudru
- 2 łyżki Kahlua
- 1 łyżka mleka

INSTRUKCJE:
a) Rozgrzej piekarnik do 350°F (175°C). Nasmaruj tłuszczem i mąką formę do pieczenia.
b) W średnim rondlu połącz masło, kakao i wodę. Doprowadzić do wrzenia, ciągle mieszając. Zdjąć z ognia.
c) W dużej misce wymieszaj cukier, mąkę, sodę oczyszczoną i sól. Dodaj gorącą mieszankę kakaową i ubijaj, aż masa będzie gładka.
d) W osobnej misce wymieszaj jajka, śmietanę, wanilię i Kahlua. Stopniowo dodawaj do masy kakaowej, ubijaj, aż składniki dobrze się połączą.
e) Wlać ciasto do przygotowanej formy. Piec przez 40-45 minut lub do momentu, gdy wykałaczka wbita w środek będzie czysta. Studzimy na blaszce przez 10 minut, następnie przekładamy na metalową kratkę do całkowitego wystygnięcia.
f) Aby przygotować lukier, wymieszaj cukier puder, Kahlua i mleko, aż masa będzie gładka. Polać nim ostudzone ciasto.

91.Ciasto Bundt z pikantnym rumem i ananasem

SKŁADNIKI:
- 2 filiżanki mąki uniwersalnej
- 1 szklanka granulowanego cukru
- 1/2 szklanki niesolonego masła, zmiękczonego
- 1/2 szklanki kwaśnej śmietany
- 1/2 szklanki zmiażdżonego ananasa, odsączonego
- 1/4 szklanki pikantnego rumu
- 2 jajka
- 1 łyżeczka ekstraktu waniliowego
- 1 łyżeczka proszku do pieczenia
- 1/2 łyżeczki sody oczyszczonej
- 1/4 łyżeczki soli

DO SZKLIWIENIA:
- 1 szklanka cukru pudru
- 2 łyżki pikantnego rumu
- 1 łyżka soku ananasowego

INSTRUKCJE:

a) Rozgrzej piekarnik do 175°C (350°F). Nasmaruj tłuszczem i mąką formę do pieczenia.
b) W dużej misce utrzyj masło z cukrem pudrem na jasną i puszystą masę.
c) Wbijaj jajka, jedno po drugim, a następnie dodaj ekstrakt waniliowy.
d) Mieszaj śmietanę, pokruszony ananas i przyprawiony rum, aż dobrze się połączą.
e) W osobnej misce wymieszaj mąkę, proszek do pieczenia, sodę oczyszczoną i sól.
f) Stopniowo dodawaj suche składniki do mokrych, miksuj tylko do połączenia.
g) Ciasto wlać do przygotowanej formy i wygładzić wierzch szpatułką.
h) Piec przez 45-50 minut lub do momentu, gdy wykałaczka wbita w środek będzie czysta.
i) Pozostaw ciasto do ostygnięcia w formie na 10 minut, a następnie przenieś je na metalową kratkę, aby całkowicie ostygło.
j) Aby przygotować glazurę, wymieszaj cukier puder, przyprawiony rum i sok ananasowy na gładką masę. Powstałą glazurą polej schłodzone ciasto.
k) Przed pokrojeniem i podaniem odczekaj, aż glazura stwardnieje.

92. Ciasto wiśniowo-migdałowe nasączone brandy

SKŁADNIKI:
- 1 szklanka suszonych wiśni
- 1/2 szklanki brandy
- 2 filiżanki mąki uniwersalnej
- 1 szklanka granulowanego cukru
- 1/2 szklanki niesolonego masła, zmiękczonego
- 1/2 szklanki kwaśnej śmietany
- 1/2 szklanki posiekanych migdałów
- 2 jajka
- 1 łyżeczka ekstraktu migdałowego
- 1 łyżeczka ekstraktu waniliowego
- 1 łyżeczka proszku do pieczenia
- 1/2 łyżeczki sody oczyszczonej
- 1/4 łyżeczki soli

DO SZKLIWIENIA:
- 1 szklanka cukru pudru
- 2 łyżki brandy

INSTRUKCJE:

a) W małej misce namocz suszone wiśnie w brandy na co najmniej 1 godzinę lub, jeśli to możliwe, na noc.
b) Rozgrzej piekarnik do 175°C (350°F). Nasmaruj tłuszczem i mąką formę do pieczenia.
c) W dużej misce utrzyj masło z cukrem pudrem na jasną i puszystą masę.
d) Wbijaj jajka, jedno po drugim, następnie dodaj ekstrakt migdałowy i ekstrakt waniliowy.
e) Mieszaj śmietanę, aż dobrze się połączy.
f) W osobnej misce wymieszaj mąkę, proszek do pieczenia, sodę oczyszczoną i sól.
g) Stopniowo dodawaj suche składniki do mokrych, miksuj tylko do połączenia.
h) Dodaj namoczone wiśnie (wraz z pozostałą brandy) i posiekane migdały.
i) Ciasto wlać do przygotowanej formy i wygładzić wierzch szpatułką.
j) Piec przez 45-50 minut lub do momentu, gdy wykałaczka wbita w środek będzie czysta.
k) Pozostaw ciasto do ostygnięcia w formie na 10 minut, a następnie przenieś je na metalową kratkę, aby całkowicie ostygło.
l) Aby przygotować glazurę, wymieszaj cukier puder z brandy na gładką masę. Powstałą glazurą polej schłodzone ciasto.
m) Przed pokrojeniem i podaniem odczekaj, aż glazura stwardnieje.

93. Ciasto malinowe Prosecco

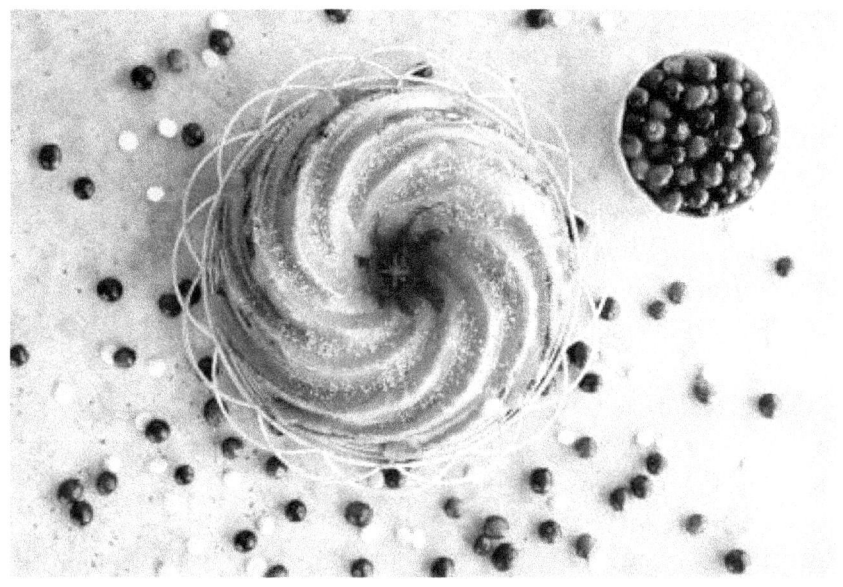

SKŁADNIKI:
- 2 filiżanki mąki uniwersalnej
- 1 szklanka granulowanego cukru
- 1/2 szklanki niesolonego masła, zmiękczonego
- 1/2 szklanki Prosecco
- 1/2 szklanki mleka
- 1 szklanka świeżych malin
- 2 jajka
- 1 łyżeczka ekstraktu waniliowego
- 1 łyżeczka proszku do pieczenia
- 1/2 łyżeczki sody oczyszczonej
- 1/4 łyżeczki soli

DO SZKLIWIENIA:
- 1 szklanka cukru pudru
- 2 łyżki Prosecco

INSTRUKCJE:
a) Rozgrzej piekarnik do 175°C (350°F). Nasmaruj tłuszczem i mąką formę do pieczenia.
b) W dużej misce utrzyj masło z cukrem pudrem na jasną i puszystą masę.
c) Wbijaj jajka, jedno po drugim, a następnie dodaj ekstrakt waniliowy.
d) Wymieszaj Prosecco i mleko, aż dobrze się połączą.
e) W osobnej misce wymieszaj mąkę, proszek do pieczenia, sodę oczyszczoną i sól.
f) Stopniowo dodawaj suche składniki do mokrych, miksuj tylko do połączenia.
g) Delikatnie dodaj świeże maliny.
h) Ciasto wlać do przygotowanej formy i wygładzić wierzch szpatułką.
i) Piec przez 45-50 minut lub do momentu, gdy wykałaczka wbita w środek będzie czysta.
j) Pozostaw ciasto do ostygnięcia w formie na 10 minut, a następnie przenieś je na metalową kratkę, aby całkowicie ostygło.
k) Aby przygotować lukier, wymieszaj cukier puder i Prosecco na gładką masę. Powstałą glazurą polej schłodzone ciasto.
l) Przed pokrojeniem i podaniem odczekaj, aż glazura stwardnieje.

94. Ciasto limonkowe z tequilą

SKŁADNIKI:
- 2 filiżanki mąki uniwersalnej
- 1 szklanka granulowanego cukru
- 1/2 szklanki niesolonego masła, zmiękczonego
- 1/2 szklanki kwaśnej śmietany
- 1/4 szklanki tequili
- Skórka i sok z 2 limonek
- 2 jajka
- 1 łyżeczka ekstraktu waniliowego
- 1 łyżeczka proszku do pieczenia
- 1/2 łyżeczki sody oczyszczonej
- 1/4 łyżeczki soli

DO SZKLIWIENIA:
- 1 szklanka cukru pudru
- 2 łyżki tequili
- Skórka z 1 limonki

INSTRUKCJE:

a) Rozgrzej piekarnik do 175°C (350°F). Nasmaruj tłuszczem i mąką formę do pieczenia.
b) W dużej misce utrzyj masło z cukrem pudrem na jasną i puszystą masę.
c) Wbijaj jajka, jedno po drugim, a następnie dodaj ekstrakt waniliowy.
d) Mieszaj śmietanę, tequilę, skórkę z limonki i sok z limonki, aż dobrze się połączą.
e) W osobnej misce wymieszaj mąkę, proszek do pieczenia, sodę oczyszczoną i sól.
f) Stopniowo dodawaj suche składniki do mokrych, miksuj tylko do połączenia.
g) Ciasto wlać do przygotowanej formy i wygładzić wierzch szpatułką.
h) Piec przez 45-50 minut lub do momentu, gdy wykałaczka wbita w środek będzie czysta.
i) Pozostaw ciasto do ostygnięcia w formie na 10 minut, a następnie przenieś je na metalową kratkę, aby całkowicie ostygło.
j) Aby przygotować glazurę, wymieszaj cukier puder i tequilę na gładką masę. Powstałą glazurą polej ostudzone ciasto i posyp skórką z limonki.
k) Przed pokrojeniem i podaniem odczekaj, aż glazura stwardnieje.

KOLOROWE I KREATYWNE

95. Tort w kształcie tęczowego wiru

SKŁADNIKI:

- 2 1/2 szklanki mąki uniwersalnej
- 1 1/2 szklanki granulowanego cukru
- 1 szklanka niesolonego masła, zmiękczonego
- 4 jajka
- 1 szklanka mleka
- 1 łyżka ekstraktu waniliowego
- 1 łyżka proszku do pieczenia
- 1/2 łyżeczki soli
- Barwnik spożywczy w żelu (różne kolory)

INSTRUKCJE:

a) Rozgrzej piekarnik do 175°C (350°F). Nasmaruj tłuszczem i mąką formę do pieczenia.
b) W dużej misce utrzyj masło z cukrem na jasną i puszystą masę.
c) Wbijaj jajka, jedno po drugim, a następnie dodaj ekstrakt waniliowy.
d) W osobnej misce wymieszaj mąkę, proszek do pieczenia i sól.
e) Stopniowo dodawaj suche składniki do mokrych, na zmianę z mlekiem i mieszaj, aż masa będzie gładka.
f) Rozłóż ciasto równomiernie do osobnych misek, w zależności od tego, ile kolorów chcesz użyć.
g) Do każdej miski dodaj kilka kropli barwnika spożywczego w żelu i mieszaj, aż uzyskasz pożądany kolor.
h) Na przygotowaną formę do pieczenia ciasta nakładać łyżką kolorowe ciasta, układając je jeden na drugim.
i) Za pomocą noża lub szpikulca delikatnie wymieszaj kolory, tworząc marmurkowy efekt.
j) Piec przez 45-50 minut lub do momentu, gdy wykałaczka wbita w środek będzie czysta.
k) Pozostaw ciasto do ostygnięcia w formie na 10 minut, a następnie przenieś je na metalową kratkę, aby całkowicie ostygło.
l) Po ostygnięciu pokrój i podawaj, aby odsłonić kolorowe kółka w środku.

96.Ciasto typu Bundt typu tie-dye

SKŁADNIKI:
- 2 1/2 szklanki mąki uniwersalnej
- 1 1/2 szklanki granulowanego cukru
- 1 szklanka niesolonego masła, zmiękczonego
- 4 jajka
- 1 szklanka mleka
- 1 łyżka ekstraktu waniliowego
- 1 łyżka proszku do pieczenia
- 1/2 łyżeczki soli
- Barwnik spożywczy w żelu (różne kolory)

INSTRUKCJE:
a) Rozgrzej piekarnik do 175°C (350°F). Nasmaruj tłuszczem i mąką formę do pieczenia.
b) W dużej misce utrzyj masło z cukrem na jasną i puszystą masę.
c) Wbijaj jajka, jedno po drugim, a następnie dodaj ekstrakt waniliowy.
d) W osobnej misce wymieszaj mąkę, proszek do pieczenia i sól.
e) Stopniowo dodawaj suche składniki do mokrych, na zmianę z mlekiem i mieszaj, aż masa będzie gładka.
f) Rozłóż ciasto równomiernie do osobnych misek, w zależności od tego, ile kolorów chcesz użyć.
g) Do każdej miski dodaj kilka kropli barwnika spożywczego w żelu i mieszaj, aż uzyskasz pożądany kolor.
h) Na przygotowaną formę do pieczenia ciasta nakładać losowo małe porcje każdego kolorowego ciasta, układając je jeden na drugim.
i) Za pomocą noża lub patyka delikatnie wymieszaj kolory, tworząc efekt tie-dye.
j) Piec przez 45-50 minut lub do momentu, gdy wykałaczka wbita w środek będzie czysta.
k) Pozostaw ciasto do ostygnięcia w formie na 10 minut, a następnie przenieś je na metalową kratkę, aby całkowicie ostygło.
l) Po ostygnięciu pokrój i podawaj, aby odsłonić żywy wzór tie-dye w środku.

97. Ciasto neapolitańskie Bundt

SKŁADNIKI:

- 2 1/2 szklanki mąki uniwersalnej
- 1 1/2 szklanki granulowanego cukru
- 1 szklanka niesolonego masła, zmiękczonego
- 4 jajka
- 1 szklanka mleka
- 1 łyżka ekstraktu waniliowego
- 1 łyżka proszku do pieczenia
- 1/2 łyżeczki soli
- 1/4 szklanki niesłodzonego kakao w proszku
- Barwnik spożywczy w żelu w kolorze różowym

INSTRUKCJE:

a) Rozgrzej piekarnik do 175°C (350°F). Nasmaruj tłuszczem i mąką formę do pieczenia.
b) W dużej misce utrzyj masło z cukrem na jasną i puszystą masę.
c) Wbijaj jajka, jedno po drugim, a następnie dodaj ekstrakt waniliowy.
d) W osobnej misce wymieszaj mąkę, proszek do pieczenia i sól.
e) Stopniowo dodawaj suche składniki do mokrych, na zmianę z mlekiem i mieszaj, aż masa będzie gładka.
f) Ciasto podzielić równomiernie na dwie miski.
g) W jednej misce wymieszaj niesłodzony proszek kakaowy, aż dobrze się połączy, tworząc ciasto czekoladowe.
h) Do drugiej miski dodaj kilka kropli różowego barwnika spożywczego w żelu i mieszaj, aż uzyskasz pożądany kolor i powstanie różowe ciasto.
i) Do przygotowanej formy do pieczenia nakładać naprzemiennie warstwy czekolady i różowego ciasta, zaczynając i kończąc na cieście czekoladowym.
j) Piec przez 45-50 minut lub do momentu, gdy wykałaczka wbita w środek będzie czysta.
k) Pozostaw ciasto do ostygnięcia w formie na 10 minut, a następnie przenieś je na metalową kratkę, aby całkowicie ostygło.
l) Po ostygnięciu pokrój w plasterki i podawaj, aby odsłonić warstwy neapolitańskie w środku.

98.Ciasto z kremem pomarańczowym

SKŁADNIKI:
- 2 1/2 szklanki mąki uniwersalnej
- 1 1/2 szklanki granulowanego cukru
- 1 szklanka niesolonego masła, zmiękczonego
- 4 jajka
- 1 szklanka mleka
- 1 łyżka ekstraktu waniliowego
- 1 łyżka proszku do pieczenia
- 1/2 łyżeczki soli
- Skórka z 2 pomarańczy
- 1/4 szklanki świeżego soku pomarańczowego
- Barwnik spożywczy w żelu pomarańczowym (opcjonalnie)

INSTRUKCJE:
a) Rozgrzej piekarnik do 175°C (350°F). Nasmaruj tłuszczem i mąką formę do pieczenia.
b) W dużej misce utrzyj masło z cukrem na jasną i puszystą masę.
c) Wbijaj jajka, jedno po drugim, następnie dodaj ekstrakt waniliowy, skórkę pomarańczową i sok pomarańczowy.
d) W osobnej misce wymieszaj mąkę, proszek do pieczenia i sól.
e) Stopniowo dodawaj suche składniki do mokrych, na zmianę z mlekiem i mieszaj, aż masa będzie gładka.
f) Jeśli chcesz, dodaj do ciasta kilka kropli pomarańczowego barwnika spożywczego w żelu i mieszaj, aż masa uzyska równomierny kolor.
g) Ciasto wlać do przygotowanej formy i wygładzić wierzch szpatułką.
h) Piec przez 45-50 minut lub do momentu, gdy wykałaczka wbita w środek będzie czysta.
i) Pozostaw ciasto do ostygnięcia w formie na 10 minut, a następnie przenieś je na metalową kratkę, aby całkowicie ostygło.
j) Po ostygnięciu skrop pomarańczową glazurą lub posyp skórką pomarańczową, aby uzyskać dodatkową porcję smaku.

99.Tort konfetti Funfetti Bundt

SKŁADNIKI:
- 2 1/2 szklanki mąki uniwersalnej
- 1 1/2 szklanki granulowanego cukru
- 1 szklanka niesolonego masła, zmiękczonego
- 4 jajka
- 1 szklanka mleka
- 1 łyżka ekstraktu waniliowego
- 1 łyżka proszku do pieczenia
- 1/2 łyżeczki soli
- 1/2 szklanki posypki tęczowej

INSTRUKCJE:
a) Rozgrzej piekarnik do 175°C (350°F). Nasmaruj tłuszczem i mąką formę do pieczenia.
b) W dużej misce utrzyj masło z cukrem na jasną i puszystą masę.
c) Wbijaj jajka, jedno po drugim, a następnie dodaj ekstrakt waniliowy.
d) W osobnej misce wymieszaj mąkę, proszek do pieczenia i sól.
e) Stopniowo dodawaj suche składniki do mokrych, na zmianę z mlekiem i mieszaj, aż masa będzie gładka.
f) Delikatnie dodaj tęczową posypkę.
g) Ciasto wlać do przygotowanej formy i wygładzić wierzch szpatułką.
h) Piec przez 45-50 minut lub do momentu, gdy wykałaczka wbita w środek będzie czysta.
i) Pozostaw ciasto do ostygnięcia w formie na 10 minut, a następnie przenieś je na metalową kratkę, aby całkowicie ostygło.
j) Po ostygnięciu skrop polewą waniliową i posyp dodatkową tęczową posypką, aby uzyskać świąteczny akcent.

100. Ciasto cukierkowe typu Bundt

SKŁADNIKI:
NA CIASTO:
- 2 filiżanki mąki uniwersalnej
- 1 szklanka granulowanego cukru
- 1 szklanka niesolonego masła, zmiękczonego
- 4 jajka
- 1 szklanka kwaśnej śmietany
- 1 łyżeczka ekstraktu waniliowego
- 1 łyżeczka proszku do pieczenia
- 1/2 łyżeczki sody oczyszczonej
- 1/4 łyżeczki soli
- 1 szklanka różnych kawałków cukierków (takich jak M&M's, Reese's Pieces, posiekane Snickersy itp.)

DO SZKLIWIENIA:
- 1 szklanka cukru pudru
- 2-3 łyżki mleka
- 1/2 łyżeczki ekstraktu waniliowego
- Różne kawałki cukierków do dekoracji

INSTRUKCJE:
a) Rozgrzej piekarnik do 175°C (350°F). Nasmaruj tłuszczem i mąką formę do pieczenia.
b) W dużej misce utrzyj masło z cukrem pudrem na jasną i puszystą masę.
c) Wbijaj jajka, jedno po drugim, a następnie dodaj ekstrakt waniliowy.
d) Mieszaj śmietanę, aż dobrze się połączy.
e) W osobnej misce wymieszaj mąkę, proszek do pieczenia, sodę oczyszczoną i sól.
f) Stopniowo dodawaj suche składniki do mokrych, miksuj tylko do połączenia.
g) Delikatnie włóż różne kawałki cukierków.
h) Ciasto wlać do przygotowanej formy i wygładzić wierzch szpatułką.
i) Piec przez 45-50 minut lub do momentu, gdy wykałaczka wbita w środek będzie czysta.
j) Pozostaw ciasto do ostygnięcia w formie na 10 minut, a następnie przenieś je na metalową kratkę, aby całkowicie ostygło.
k) Gdy ciasto ostygnie, przygotuj lukier, mieszając cukier puder, mleko i ekstrakt waniliowy na gładką masę.
l) Powstałą glazurą polej ostudzone ciasto i udekoruj dodatkowymi kawałkami cukierków.
m) Przed pokrojeniem i podaniem odczekaj, aż glazura stwardnieje.

WNIOSEK

Kiedy dochodzimy do końca „Księgi przepisów z kolekcji Bundt", mamy nadzieję, że podobało Ci się odkrywanie różnorodnych przepisów na ciasta Bundt i odkrywanie nowych ulubionych, które możesz dodać do swojego repertuaru wypieków. Niezależnie od tego, czy pociąga Cię prostota klasycznego waniliowego ciasta typu bundt, czy też kusi Cię dekadencja kreacji oblanej czekoladowym ganache, na tych stronach nie brakuje inspiracji.

Zachęcamy Cię do uwolnienia swojej kreatywności i eksperymentowania z różnymi smakami, dodatkami i dekoracjami, aby stworzyć własne przepisy. W końcu pieczenie polega w równym stopniu na wyrażaniu siebie, jak i na przestrzeganiu instrukcji. Nie bój się więc wprowadzać własnych zmian w tych przepisach i puść wodze fantazji.

Mamy nadzieję, że kontynuując swoją przygodę z pieczeniem, będziesz czerpał z tego tyle samo radości, co z efektu końcowego. Niezależnie od tego, czy pieczesz na specjalną okazję, czy po prostu zaspokajasz ochotę, jest coś magicznego w alchemii mąki, cukru i masła, które łączą się, tworząc pyszne ciasto bundt.

Dziękujemy, że dołączyłeś do nas w tej pysznej przygodzie. Niech Twoją kuchnię wypełni aromat świeżo upieczonych ciasteczek, a każdy kawałek wywoła uśmiech na Twojej twarzy i ciepło w Twoim sercu. Miłego pieczenia!

www.ingramcontent.com/pod-product-compliance
Lightning Source LLC
Chambersburg PA
CBHW071306110526
44591CB00010B/800